Fascicule n° 22.

CONSEIL SUPÉRIEUR
DE
L'ASSISTANCE PUBLIQUE

ASSISTANCE MÉDICALE
DANS LES CAMPAGNES

ASSISTANCE MÉDICALE DANS LES CAMPAGNES

I

RAPPORT

DE M. LE DIRECTEUR DE L'ASSISTANCE PUBLIQUE

A

M. LE PRÉSIDENT DU CONSEIL

MINISTRE DE L'INTÉRIEUR

MONSIEUR LE PRÉSIDENT,

Les renseignements statistiques concernant le service de la médecine des indigents font l'objet d'un des fascicules qui ont été établis par votre administration en vue de fournir des éléments d'étude aux membres du Conseil supérieur de l'Assistance publique.

Il résulte de ces renseignements que le service dont je viens de parler n'est, jusqu'à présent, institué que dans quarante-quatre départements; encore est-il loin dans ces départements de s'étendre à toutes les communes.

Il reste donc beaucoup à faire pour procurer à l'ensemble des indigents malades le bienfait de l'assistance médicale.

Or, s'il convient de laisser aux départements et aux communes une très grande latitude pour l'organisation de cette assistance, l'institution même d'un service de médecine gratuite répondant à un minimum d'exigences ne me semble pas devoir être livré, comme il l'est aujourd'hui, au pouvoir discrétionnaire des assemblées départementales et des conseils municipaux, et j'estime qu'il serait juste de donner le caractère d'une obligation légale au devoir d'humanité envers l'indigent malade. Actuellement, c'est, pour les autorités locales, un fait licite que d'abandonner à lui-même, sans médecin, sans médicaments, un indigent en proie à une affection aiguë qui met ses jours en danger ; il m'est impossible de ne pas considérer qu'il y a là une déplorable lacune à combler. Je demande assurément que la liste des indigents appelés à bénéficier de l'assistance soit dressée avec un soin scrupuleux, qu'elle soit exactement contrôlée et toujours revisable, qu'en cas de dissimulation un recours soit exercé à l'égard des malades solvables ou des personnes tenues vis-à-vis d'eux à la dette alimentaire. Mais, sous ces réserves, auxquelles j'attache beaucoup de prix, je pense que le droit à l'abandon, en ce qui concerne les indigents malades, devrait faire place à l'obligation légale de l'assistance.

Accomplir ce devoir serait également servir l'intérêt social, même au point de vue exclusivement économique.

Plus on augmente les chances de guérison du malade qui vivait de son travail, plus on contribue à sauvegarder le capital le plus précieux d'un pays, celui des existences.

Dans la même sphère d'idées, et abstraction faite momentanément des considérations de l'ordre le plus élevé qui sont ici en jeu, il est permis de dire que l'assistance médicale du travailleur sert à entretenir le premier des engins de production : l'homme. Que penserait-on d'une usine où l'atelier de réparation ferait défaut ?

Le principe de l'obligation étant admis, il me semblerait nécessaire, comme je l'indique plus haut, de laisser aux départements et aux communes, pour le choix des mesures d'application, toute la latitude compatible avec un fonctionnement effectif de l'assistance médicale. Toutes les fois qu'on le peut, il y a de grands avantages à ne pas assujettir les œuvres de l'Assistance publique à un cadre et à des procédés uniformes, à ne pas contrarier les habitudes locales, à ouvrir un libre champ à l'initiative des assemblées départementales et des conseils municipaux. A moins de nécessité, le pouvoir central n'imposerait pas aux départements une organisation déterminée de l'assistance médicale ; ils institueraient le service dans les conditions qui leur sembleraient permettre d'obtenir avec le moindre chiffre de dépenses la plus grande somme de résultats : c'est ainsi qu'ils délimiteraient les circonscriptions, fixeraient le taux de la rétribution des médecins, les payeraient par bulletins ou par abonnement, régleraient en un mot toute la marche du service.

Encore faudrait-il que le service fonctionnât d'une manière effective, que le degré d'assistance reconnu indispensable fût assuré à la population indigente; le respect de l'initiative des pouvoirs locaux au point de vue de l'organisation de l'assistance médicale ne saurait aller jusqu'à la tolérance d'une organisation manifestement insuffisante; ce serait la négation même du principe posé. Un règlement élaboré par le Conseil supérieur de l'Assistance publique, devrait donc spécifier un minimum d'exigences auxquelles les départements seraient tenus de satisfaire : ce serait comme un cahier de charges uniforme. Si un département refusait ou négligeait d'assurer le minimum obligatoire d'assistance médicale, ce cahier de charges lui serait imposé, et le règlement, édicté en prévision d'une telle éventualité, serait appliqué d'office.

Je n'ai voulu, dans ce rapport sommaire, que signaler un mal et indiquer le remède qu'il me paraît comporter; si mes vues sont adoptées, j'aurai l'honneur de vous soumettre ultérieurement un ensemble de propositions détaillées. Mais il me semble que la question de principe peut-être aujourd'hui utilement étudiée par le Conseil supérieur de l'Assistance publique; et, si vous partagez mon sentiment, je vous serai reconnaissant de vouloir bien renvoyer à cette assemblée l'examen du présent rapport.

Veuillez agréer, Monsieur le Président, l'hommage de mon respectueux dévouement.

Le Directeur de l'Assistance publique,

HENRI-CH. MONOD.

Soit renvoyé à l'examen du Conseil supérieur de l'Assistance publique.

Paris, le 10 juin 1888.

Le Président du Conseil, Ministre de l'intérieur,

CH. FLOQUET.

II

RAPPORT

AU CONSEIL SUPÉRIEUR DE L'ASSISTANCE PUBLIQUE

Au nom de là IIe Section (Secours aux indigents valides ou malades, Hôpitaux) (1)

SUR L'ASSISTANCE MÉDICALE DANS LES CAMPAGNES

Monsieur le Président du Conseil, Ministre de l'intérieur, a soumis à votre examen, dans votre première session, un rapport de M. le directeur de l'Assistance publique sur l'assistance médicale dans les campagnes.

Après avoir mis en relief les lacunes de l'organisation actuelle, ce rapport concluait à la nécessité d'une réforme qui, tout en consacrant le principe de l'assistance obligatoire, laisserait aux départements et aux communes le choix des mesures à prendre pour assurer un fonctionnement sérieux et efficace de ce service.

Saisie à son tour de cette importante proposition, la deuxième section du Conseil supérieur, après un examen approfondi, a été unanime à recon-

---

(1) Là section est ainsi composée : MM. le docteur J. Rochard, président ; Dr U. Trélat, vice-président ; Dr Dreyfus-Brisac, secrétaire ; Béquet, Dr Blatin, député ; Dr Brouardel, doyen de la Faculté de médecine ; Chamberland, député ; Dr Léon Colin, inspecteur général du service de santé des armées ; Deroisin ; Dr Gibert ; Dr Henrot, maire de Reims ; Labiche, sénateur ; René Laffon, député ; Dr Lardier ; Mohod ; Dr A.-J. Martin ; Dr Millard, médecin des hôpitaux ; Dr Peyron, directeur de l'Administration de l'Assistance publique de Paris ; J. Siegfried, député.

Délégué du gouvernement près de la section : M. le Dr Napias, inspecteur général de l'Assistance publique.

Secrétaire-adjoint : Dr Chevallereau.

naitre la nécessité d'introduire des modifications profondes dans l'organisation présente de la médecine gratuite ; mais, en même temps, elle a été amenée à constater qu'une telle réforme soulève de graves questions de principe, dont la solution intéresse la plupart des services d'assistance publique. Aussi, avant d'aborder l'étude des points de détail, a-t-elle jugé indispensable, conformément d'ailleurs aux vues de l'administration, de demander au Conseil de se prononcer sur ces données essentielles dont la législation nouvelle devra s'inspirer.

Le présent rapport a pour objet de vous faire connaître les résolutions auxquelles la deuxième section s'est arrêtée. Il se divise en deux parties : Dans la première, nous esquisserons à traits rapides l'état actuel de l'Assistance médicale, et nous formulerons les principes généraux qui, d'après nous, devraient servir de base à la réforme proposée. Dans la seconde, nous chercherons à appliquer ces principes à la solution de quelques-unes des questions maîtresses que soulève tout projet de réorganisation méthodique de la médecine gratuite

PREMIÈRE PARTIE

Sans insister sur les origines historiques de l'assistance médicale en France, où se reflète en quelque sorte toute l'histoire sociale et religieuse de notre pays, nous nous bornerons à rappeler que, de tout temps, les mêmes idées générales ont présidé à l'organisation des secours publics.

Si, aux époques lointaines du concile de Tours, alors que le clergé possédait le monopole de l'assistance, celle-ci était considérée comme un devoir social à la charge de la paroisse, le même principe fut appliqué par le pouvoir royal quand, avec Charlemagne, l'élément civil eut pénétré dans ce domaine. La royauté rivalisa avec l'Église pour alléger la misère, en prenant comme base des secours publics le dogme de l'assistance communale ou paroissiale.

On peut, par exemple, signaler à ce titre l'ordonnance de 1536 qui imposa aux clergés des paroisses l'obligation de secourir leurs pauvres, et les lettres patentes de 1544, relatives à la création d'un « bureau central des pauvres » chargé de lever un impôt en faveur des indigents : taxe des pauvres qu'Henri II établit d'une manière plus régulière et qui fonctionnait encore, à Paris du moins, au moment de la Révolution.

D'un autre côté, les administrations municipales prirent une part importante à l'organisation de l'assistance, surtout en ce qui concerne les établissements hospitaliers. Malgré tous ces efforts des pouvoirs publics et du
clergé, malgré la multiplicité des fondations privées, l'assistance n'en était
pas moins restée à l'état rudimentaire, comme le prouvent les si vives
doléances des philosophes du dix-huitième siècle.

Un des premiers soins de la Constituante fut de mettre la question à l'é-
tude, et, au nom du « *Comité pour l'extinction de la mendicité* », La Rochefoucauld-Liancourt rédigea son célèbre rapport (15 juillet 1790) où l'on
trouve des aperçus magistraux sur le rôle et les limites de l'assistance publique. « Jusqu'ici, dit-il, l'assistance a été regardée comme un bienfait,
elle n'est qu'un devoir; mais ce devoir ne peut être rempli que lorsque les
secours accordés par la société sont dirigés vers l'utilité générale... C'est
un devoir impérieux, c'est un devoir commandé par le droit naturel à la
société, auquel elle ne peut jamais manquer... Tout ce qui n'est pas nécessaire est interdit à une nation qui, dans la distribution des secours, ne doit
opérer qu'un acte de justice... Insuffisance de secours, c'est cruauté, bar-
barie, manquement essentiel aux devoirs les plus sacrés. Assistance super-
flue, c'est destruction des mœurs, de l'amour du travail; c'est désordre,
c'est injustice enfin, puisque c'est emploi des fonds publics par delà l'exacte
nécessité. »

Après avoir formulé ainsi en termes si saisissants les devoirs de la société
à l'égard des indigents, La Rochefoucauld-Liancourt montrait aussi les dangers de l'aumône « qui donne une prime à l'oisiveté, anéantit l'émulation et
appauvrit l'État »; enfin il proclamait les devoirs de l'homme vis-à-vis de la
société. « Le travail, dit-il, est un devoir envers la société; la société doit
donc exiger que ce devoir soit rempli. »

Mais si La Rochefoucauld et avec lui les constituants posèrent avec une
vigueur et une hauteur de vues sans pareilles les principes qui doivent régir
l'assistance publique, le temps leur fit défaut pour appliquer leurs doc-
trines; ils eussent d'ailleurs sans doute échoué dans cette tâche par suite de
leurs idées trop centralisatrices.

C'est à la même cause qu'il faut attribuer l'insuccès de la Convention,
qui, elle aussi, voulut centraliser entre les mains de l'État les fonds de l'assistance, « cette dette nationale ». Après avoir aliéné, comme biens natio-
naux, les biens des hospices et hôpitaux, elle décida (loi du 19-24 mars 1793)
qu'au budget de la République figurerait un « Crédit de l'indigence », qui
devait être réparti successivement entre les départements, les districts et les
municipalités cantonales. Ce système ne fut jamais appliqué, et la loi du

21 vendémiaire an II ramena le domicile de secours à la commune en lui rendant l'administration des hôpitaux, sous le contrôle de l'État.

Les législateurs du Directoire furent également bien inspirés quand, en reconstituant les bureaux de charité de l'ancien régime sous le nom de bureaux de bienfaisance (lois du 7 frimaire an V, et du 28 pluviose an VIII, ils leur assignèrent certaines ressources que divers décrets ultérieurs augmentèrent.

« Séculariser complètement les secours publics, consacrer les droits de l'indigence dans sa plus grande étendue, ramener à l'unité la direction des secours en les envisageant comme une dette nationale : tels furent les trois principes fondamentaux sur lesquels les vues politiques de cette époque firent reposer l'ensemble du système.

« Appliqués dans de sages limites, ils eussent produit les résultats les plus désirables; portés à l'exagération, appliqués d'une manière absolue, ils n'ont pu résister aux épreuves de la pratique. » (De Gérando.)

Si les hommes de la Révolution avaient trop étendu la part de l'État dans l'organisation de l'assistance, les régimes qui suivirent adoptèrent une ligne de conduite contraire, non moins fâcheuse à certains égards. Regardant l'intervention de l'État sur ce terrain comme dangereuse, ils s'abstinrent de toute initiative et abandonnèrent soit aux autorités communales et départementales, soit à la charité privée, le soin d'organiser ou de diriger les services de secours publics. Aussi, sous l'Empire, la Restauration, la monarchie de Juillet, la question de l'assistance demeura-t-elle stationnaire et même vit-on peu à peu quelques-unes des prescriptions non abrogées tomber en désuétude.

Après la révolution de 1848 on put croire un instant que l'œuvre de la constituante allait être reprise; mais ni le rapport de M. Coquerel, ni celui de Thiers, ni le projet de loi de M. Dufaure sur l'organisation d'un conseil supérieur et de comités cantonaux d'assistance n'obtinrent la sanction législative; et la deuxième République n'apporta à la législation de la médecine gratuite aucun changement notable, sauf en ce qui concerne les établissements hospitaliers (loi de 1851).

La troisième République sera-t-elle plus heureuse? il est permis de l'espérer; car depuis 1870, sous l'influence du réveil des idées de solidarité sociale, on en est revenu peu à peu à voir dans la réorganisation de l'assistance sous le contrôle de l'État un des problèmes qu'il était le plus urgent de résoudre : d'où les projets multipliés de réforme soit de l'assistance médicale dans les campagnes, soit de l'assistance en général qui, depuis cette époque, ont été soumis aux Chambres.

C'est ainsi que l'Assemblée nationale fut successivement saisie de diverses propositions de loi de M. Lestourgie (31 août 1871), de M. Tallon (24 mars 1872), enfin de MM. Th. Roussel et Morvan (9 juillet 1872). La commission parlementaire chargée de les examiner ouvrit en 1872 une vaste enquête sur les divers services de l'assistance en France, enquête dont les résultats particulièrement intéressants sont consignés dans le rapport de M. Tallon déposé sur le bureau de l'assemblée le 24 août 1874. M. Tallon concluait à la création d'un vaste système d'assistance médicale, sous le contrôle de l'Etat, dont il indiquait le mécanisme.

Depuis cette époque, la question n'a cessé d'être à l'ordre du jour, et peu à peu s'est dessinée une tendance des législateurs à considérer l'assistance comme un devoir de la collectivité, dont l'État doit exiger et surveiller l'accomplissement. C'est dans cet esprit qu'est conçu le remarquable rapport de M. Richard Waddington (14 novembre 1876) sur deux propositions de lois déposées, l'une par notre vénéré vice-président, M. Théophile Roussel, l'autre par MM. R. Waddington, Thiessé et Savoye. Signalons aussi la proposition de loi de M. Martin Nadaud et d'un grand nombre de ses collègues sur l'organisation de l'assistance, qui a été soumise à la Chambre des députés le 13 mars 1886 et prise en considération par cette assemblée, et, enfin, la proposition de M. Maurice Faure (25 juin 1887) sur la création d'asiles pour les invalides du travail.

D'autre part, le gouvernement de la République ne s'est pas désintéressé de ces graves questions, ainsi qu'en témoigne, en dehors du rapport de M. le Directeur de l'Assistance publique, le dépôt des projets de lois sur les hôpitaux cantonaux et sur les syndicats de communes, qui tous deux visent l'organisation de l'assistance intercommunale ; ainsi qu'en témoigne surtout la création de la Direction de l'assistance publique et celle du Conseil supérieur.

Que la réforme de notre système de secours publics préoccupe aujourd'hui plus que jamais l'opinion, on ne saurait s'en étonner si l'on songe aux lacunes et aux imperfections que présente l'organisation actuelle, faite en quelque sorte de morceaux empruntés aux législations les plus disparates. Dans notre Code se trouvent pêle-mêle des dispositions édictées sous le système de l'assistance obligatoire par l'État, et d'autres qui datent d'une époque où, au contraire, les services des secours publics étaient abandonnés au bon vouloir des départements et des communes.

A quels résultats est-on arrivé, malgré les efforts de la charité privée s'ingéniant pour combler telle ou telle lacune de notre système d'assistance, malgré l'initiative généreuse de certaines autorités départementales et surtout d'un grand nombre de villes? les documents statistiques qui nous ont été soumis lors de notre première session vous l'apprennent.

D'après la loi du 7 frimaire an V (art. 3), il devrait y avoir dans chaque municipalité un bureau de bienfaisance; or, pour 15,250 communes qui possèdent une institution de ce genre, il en est 19,111, avec 18 millions d'habitants, qui en sont dépourvues et où, par suite, les indigents ne trouvent appui qu'auprès de la charité privée.

De même, malgré les appels réitérés de l'Administration en faveur de la création, dans tous les départements, d'un service de médecine gratuite, il était encore, en 1887, vingt-deux départements qui n'avaient pas répondu à ces sollicitations, et presque tous les autres n'avaient pu l'organiser que d'une manière partielle, en raison de l'inertie des conseils municipaux. Dans la grande majorité des communes, la médecine gratuite n'existe pas.

Que bien des misères soient soulagées, grâce à la charité privée, grâce surtout au dévouement vraiment admirable du corps médical, nous ne le nions pas. Mais l'optimisme ne saurait aller jusqu'à admettre que le secours est le plus souvent suffisant et arrive assez vite à son adresse.

Aussi, dans l'enquête de 1872, voyons-nous plusieurs conseils généraux attribuer en partie la dépopulation si regrettable des campagnes au défaut de secours. « Les communes, dit le Conseil général de l'Aisne, voient chaque jour leurs habitants les quitter parce que l'assistance n'existe pas. »

« Le défaut absolu de secours organisés dans les misères de ses malades a été une des causes les plus actives qui ont poussé vers les villes la classe laborieuse de nos campagnes. Elle avait à comparer, d'une part, les ressources de l'assistance des villes (bureaux de bienfaisance, hôpitaux, hospices, sociétés de secours mutuels patronées) et, de l'autre, l'absence de toute prévoyance, de toute organisation charitable. Les résultats ont été ce qu'ils devaient être logiquement. Une partie de cette population robuste et saine est venue s'étioler et mourir de l'atmosphère des villes... C'est elle qui fournit dans la mortalité des grandes villes le chiffre de décès proportionnellement le plus élevé. » (Rapport de M. Mongeot au Conseil général de la Haute-Marne, dans l'enquête de 1872, p. 382.)

Désarmée en ce qui touche l'organisation des secours à domicile, l'Administration ne l'est pas moins, sous le régime de la loi de 1851, en ce qui concerne les secours hospitaliers.

Tout en considérant le secours à domicile comme le mode d'assistance médicale qu'il faut développer dans la mesure du possible, on ne saurait nier que les cas sont nombreux où l'hospitalisation est indispensable; or la plupart des communes ne profitent pas, par incurie ou faute de ressources, des dispositions de la loi de 1851 qui assurent à leurs indigents, sous certaines conditions et moyennant certains sacrifices pécuniaires, l'accès de l'hôpital. Le nombre des infortunés malades qui frappent en vain à la porte des établissements de ce genre serait plus grand encore qu'il ne l'est si, par pitié ou de guerre lasse, certaines administrations hospitalières ne les admettaient souvent en les dispensant des innombrables formalités qu'exige la loi, au risque d'obérer leur budget.

Est-il un document statistique plus tristement instructif que celui où nous voyons qu'en 1886, 15,709 lits d'hôpitaux et 10,772 lits d'hospices restèrent vacants, alors que tant de malades et d'infirmes ne pouvaient recevoir les secours hospitaliers dont ils avaient un impérieux besoin? D'autre part, les enquêtes administratives ne nous apprennent-elle pas aussi qu'un grand nombre de lits d'hôpital destinés à des malades, sont occupés par des vieillards que l'on pourrait assister à domicile à moins de frais, sans les éloigner ainsi de leur pays et de leur famille?

Ici donc, c'est moins un défaut de ressources que la gestion défectueuse du bien des pauvres qu'il faut incriminer.

Les mêmes réflexions viennent à l'esprit lorsqu'on constate, comme nous le verrons plus loin, que le chiffre d'indigents porté sur les listes de gratuité est beaucoup plus élevé en France qu'il ne l'est dans des pays où la misère n'est certes pas moins répandue. Il y a là évidemment un abus grave, qu'il faut sans doute attribuer au défaut de méthode dans l'élaboration de ces listes.

Enfin, n'est-on pas unanime à reconnaitre que la répartition des dépenses d'assistance se fait de la manière la plus inégale entre les communes, dont les unes voient leurs finances obérées par le budget des pauvres, tandis que d'autres parviennent en quelque sorte à s'en exonérer. Tel est le cas surtout pour l'assistance hospitalière, dont le poids retombe presque entièrement sur les villes. L'origine de cet état de choses, il faut la chercher dans une législation qui, n'édictant pas les moyens d'appliquer le principe de l'assistance communale qu'elle proclame, laisse libre carrière à l'insouciance et à la parcimonie des assemblées municipales et départementales, et aussi dans les dispositions d'une loi sur le domicile de secours, qui, ayant seule survécu à un régime disparu, est aujourd'hui inexécutable.

« Quand on regarde l'ensemble des secours distribués par les bureaux de bienfaisance de la France entière, on est frappé à la fois de l'immensité de l'effort et de la nullité des résultats. » Ces paroles de M. Jules Simon (*Rev. des Deux-Mondes*, 1861, t. II) pourraient s'appliquer à tout notre système d'assistance.

Mais comment remédier à cette situation, particulièrement choquante en un pays de démocratie?

Faut-il attendre une amélioration progressive des bonnes volontés publiques ou privées, sans renforcer l'action et l'initiative de l'Etat? Ou, au contraire, revenant aux principes posés par la Révolution, dépouillés de leur caractère trop absolu qui les a rendus inapplicables, faut-il donner à l'Etat la mission et lui fournir les moyens de veiller à ce que l'assistance soit réellement efficace?

Pour nous, la réponse à cette question ne saurait être douteuse : Il faut qu'il y ait une assistance publique méthodiquement organisée, et, pour arriver à ce but, il faut que l'Etat intervienne, non en assumant la direction des services de secours, mais en surveillant et, au besoin, en imposant à qui de droit l'accomplissement des devoirs de solidarité sociale envers les indigents.

Est-ce à dire que nous méconnaissions la grandeur des institutions actuelles d'assistance publique et de bienfaisance privée et que nous voulions mettre des entraves à l'initiative des particuliers? Nous croyons, au contraire, qu'à certains points de vue, la charité privée possède sur l'assistance officielle une incontestable supériorité. Mettant en jeu les plus nobles sentiments, elle fournit à la fois, lorsqu'elle est donnée avec discernement, un secours matériel et un secours moral; dans certaines œuvres, elle apporte un esprit de sacrifice, une ingéniosité dans les procédés, un tact dans l'application qu'on demanderait en vain à l'assistance publique. Enfin celle-ci doit surtout frayer dans les sentiers battus, laissant à l'initiative privée l'honneur trop onéreux de faire des essais, de tenter des innovations.

Mais, — et ici nous ne saurions mieux faire que de laisser la parole à M. le Directeur de l'Assistance publique, — « ce qu'il importe de bien comprendre, c'est ceci : Tout ce qui se fait dans notre pays en faveur des malheureux, ces fonds que votent les départements et les communes, ces établissements hospitaliers publics et privés où l'on recueille les malades, ces asiles encombrés d'enfants ou de vieillards, tant d'institutions charitables, ces bureaux de bienfaisance, ces associations qui vont répandre des secours dans les plus misérables demeures, tout cela d'abord est insuffisant, ensuite se pratique sans ordre et sans méthode, de sorte qu'il y a abondance, double et triple emploi ici et là disette absolue; et, enfin, tout cela se pratiquant, pourrait ne pas se pratiquer, et a, par conséquent, pour base l'idée de l'aumône (1). »

____

(1) Exposé fait au Conseil supérieur, dans sa session d'ouverture, le 13 juin 1888, p. 15.

Le principe de l'assistance publique est tout différent : en assurant aux nécessiteux les secours qui leur sont strictement indispensables, la collectivité vise un double but : remplir un devoir impérieux et sauvegarder ses propres intérêts.

L'assistance est un devoir pour la société ; car, en vertu de la solidarité qui unit entre eux les membres d'une nation, les pouvoirs publics qui la représentent ne peuvent se refuser à venir en aide aux nécessiteux, pour leur donner les moyens de vivre.

D'autre part, assister, c'est faire acte de bonne gestion. N'est-il pas, en effet, évident que, pour une nation, la vie, la santé d'un de ses enfants est un capital précieux, et qu'on ne saurait considérer comme stérile une dépense qui conserve au pays un producteur, à une famille son soutien naturel? Enfin, en prélevant en quelque sorte sur la fortune publique la rançon de l'indigence, la société ne se fait-elle pas de l'assistance un moyen de défense contre la misère, la pire des conseillères?

Mais si la société a des droits vis-à-vis de l'individu, celui-ci aussi en a vis-à-vis de la société, et notamment celui de lui fournir son travail. Aussi aucune obligation morale n'existe-t-elle pour la collectivité de venir en aide à celui qui pouvant travailler ne le fait pas, et, plus encore que la charité privée, l'assistance publique doit s'interdire de le secourir, sous peine d'appauvrir l'État, en encourageant par un salaire sans travail l'imprévoyance et la paresse.

C'est d'après ces données qu'on doit fixer les limites de l'assistance publique. La société est tenue de secourir l'indigent malade, parce qu'il ne saurait gagner sa vie et celle des siens, de subvenir aux besoins des enfants indigents, orphelins, infirmes, délaissés, maltraités ou en danger moral, parce qu'ils ne peuvent travailler et aussi, suivant l'expression de La Rochefoucauld-Liancourt, parce qu'ils promettent du travail, enfin de venir en aide aux vieillards que l'âge ou les infirmités mettent hors d'état d'assurer leur existence, parce qu'ils lui ont donné leur travail.

Mais, pour toutes ces catégories d'indigents, adultes, malades, enfants, vieillards, la société ne doit intervenir que là où la famille ne saurait le faire.

Si tel est le principe, si telles sont les limites de l'assistance publique, comment arriver à l'organiser dans les meilleures conditions à la fois pour l'individu et pour l'État?

L'expérience a montré que le système actuel est défectueux à ce double point de vue ; il laisse bien des misères sans soulagement, il entraîne une inique répartition des charges de l'assistance. Partout se fait sentir la nécessité d'une sanction effective du principe universellement admis de l'obligation morale.

Il se passe pour l'assistance ce qui se passait il y a quelques années encore pour l'instruction primaire. Pour assurer ses bienfaits inappréciables aux populations, il a bien fallu en faire l'objet d'une obligation légale. Cette doctrine, qui eût paru utopique et dangereuse au début de ce siècle, ne trouve plus guère d'adversaires aujourd'hui. Si les droits et les devoirs de l'État en pareille matière ne sont plus contestés, si le devoir pour la société de fournir à l'individu incapable de subvenir à ses besoins, les moyens de vivre n'est pas moins impérieux, comment refuser à l'État le droit d'assurer l'accomplissement de ce devoir social ?

Nous demandons donc qu'on fasse pour l'assistance ce que l'on a fait pour l'instruction primaire. Tout en ne nous dissimulant pas les difficultés de ce problème, nous croyons qu'on peut le résoudre, sans étendre outre mesure les pouvoirs et l'action de l'État, sans recourir à des moyens inquisitoriaux, sans porter d'entraves à l'initiative privée, enfin en sauvegardant à la fois les intérêts de la société et ceux des individus à qui la maladie ou les infirmités rendent le travail impossible, et à qui les ressources familiales font défaut.

Les deux questions qui se posent tout d'abord, c'est de savoir à quel membre de la famille nationale doivent incomber les charges de l'assistance, à quelle autorité doit revenir le soin d'organiser les services de secours publics.

Nous n'hésitons pas, à ces deux points de vue, à abandonner la doctrine de la Révolution. La Convention, on le sait, pour remédier à l'inégalité qui résulte de la répartition très variable de la richesse dans les diverses parties du territoire, avait cru devoir centraliser tous les fonds de l'assistance dans les mains de l'État, chargé de les répartir entre les départements. Là a été le vice fondamental du système de la Révolution. Si l'on peut gouverner de loin, on n'administre bien que de près. Quel moyen, en effet, pourrait avoir l'État de s'assurer que les secours iraient bien à leur adresse et surtout que les autorités locales, chargées de les distribuer, n'abuseraient pas de cette situation pour gaspiller les deniers publics. Comme le dit Fleury Ravarin, « il serait fort à craindre que celles-ci ne se livrent à un véritable assaut des caisses publiques pour arracher une part plus grande et se montrent d'autant plus généreuses dans la distribution des secours que ceux-ci ne leur coûteraient rien ». On ne peut songer, sans effroi, aux conséquences

---

(1) De l'Assistance communale en France; Paris, 1885, p. 16,

qu'auraient pour le budget et aussi pour la moralité publique un pareil système. Aussi n'a-t-il guère trouvé de défenseurs dans ces derniers temps; toutes les législations, pour ainsi dire, ont pris comme base le principe de l'assistance communale qu'avec M. le Minis're de l'intérieur nous proposons de maintenir.

Qu'est-ce en effet que la commune, sinon une famille agrandie à qui doivent incomber les charges d'assistance à l'égard de ceux que leur famille naturelle ne peut secourir? Si celle-ci est la première assise de la société, la commune en est en quelque sorte la seconde. Où, mieux qu'au point de vue de l'assistance, peut-elle justifier son nom, qui l'associe aux intérêts et aux besoins de tous ses enfants? Dans un pays surtout où l'amour du clocher est encore développé, elle constitue bien plus que le canton, qu'un instant on a voulu lui substituer, un groupement naturel réalisant à merveille les conditions qu'exige l'exercice si délicat de l'assistance.

« Le ressort administratif de l'État, et même du département, a dit fort justement M. Tallon dans son rapport à l'Assemblée nationale, est trop vaste pour qu'il leur soit possible d'entrer dans le détail d'investigations qu'exige l'attribution individuelle des secours. Chaque commune, au contraire, connaît les misères qu'il est de son devoir de soulager et peut le faire sans frais inutiles, en établissant un bureau de bienfaisance qui offre toutes les garanties suffisantes. »

Rapprocher, autant que possible, celui qui distribue les secours de l'indigent, de manière qu'il connaisse ses véritables besoins et les soulage promptement, ce doit être un des dogmes fondamentaux de l'assistance.

Toutefois, le principe de l'assistance communale ne saurait être pris dans un sens absolu, sous peine de le rendre à la fois inique et inapplicable.

A la commune ne doivent incomber que les frais d'assistance provenant d'individus qui ont eu, dès leur naissance, ou ont contracté ultérieurement avec elle des liens solides et étroits. Le devoir de solidarité sociale disparaît là où il n'a jamais existé, là où il n'existe plus une communauté réelle d'intérêts; il est souverainement injuste de demander au budget d'une commune, comme on le fait aujourd'hui, de supporter les dépenses causées par des aliénés qui l'ont quittée depuis des années sans esprit de retour ou qui n'y ont établi leur résidence que depuis fort peu de temps.

Ici se pose donc le grave problème du *domicile de secours*, qui offre une importance capitale, à notre époque surtout où les populations ont tant de tendances et de facilités à se déplacer et où, par suite, les frais d'assistance retombent souvent sur des communes qui n'en devraient pas être rendues responsables.

Sans entrer dans des développements qui trouveront leur place plus loin, il suffit de dire ici, pour faire comprendre l'économie générale de notre projet, que la deuxième section vous propose des modifications profondes à la loi actuelle sur le domicile de secours. Dans notre système, le domicile de secours communal s'acquerrait par un séjour de deux ans dans une commune et se perdrait par une absence continue de la même durée ; pour les individus qui auraient perdu leur domicile de secours naturel sans en avoir acquis un nouveau dans une autre commune, le domicile de secours serait départemental en cas où ils auraient séjourné deux ans dans le même département, et national en cas où, par suite de leur vie nomade, on ne pourrait en leur faveur justifier d'un domicile de secours départemental.

En mettant ainsi au compte soit du département, soit de l'État, les frais d'assistance occasionnés par les individus sans domicile fixe, on remédierait à un grave inconvénient du système d'assistance communale ; car, si une disposition de ce genre n'existait pas dans la loi, on pourrait voir ces malheureux pourchassés de ville en ville, les communes se refusant à accueillir des indigents qui ne leur apportent que des charges sans contribuer à leur prospérité.

Là ne doit pas se borner l'intervention de l'État ou du département ; l'un et l'autre auront à fournir des subventions, au cas d'insuffisance des ressources communales. D'ailleurs, ce fait se présentera moins souvent le jour où des communes limitrophes seront autorisées à associer leurs efforts, et la loi sur *les syndicats de communes*, actuellement soumise au Parlement, trouvera dans les questions de cet ordre une de ses plus fécondes, une de ses plus immédiates applications.

La commune devant être le pivot de l'assistance, il est de toute nécessité qu'elle possède un organisme chargé d'en diriger les services. Cet organisme ne saurait être que le bureau de bienfaisance, ou, pour mieux dire, le *bureau d'assistance*. Le principe de l'assistance communale implique donc la création d'une semblable institution dans chaque commune. Il va de soi qu'un seul bureau pourrait exercer son action sur toutes les communes associées en syndicat.

Il nous faut maintenant rechercher à quelle autorité doit être confiée la mission d'organiser les divers services d'assistance médicale.

Sera-ce à la commune et au syndicat de communes ? Cette solution nous paraît inacceptable ; car l'une et l'autre seraient incapables d'instituer un système satisfaisant, sinon de secours médicaux à domicile, du moins de secours hospitaliers. D'ailleurs, il est évident qu'un réseau d'assistance, établi dans ces conditions de décentralisation excessive, échapperait à toute surveillance de l'Etat, à moins qu'on ne créât une armée de fonctionnaires chargés de ce contrôle.

C'est par des motifs analogues que nous repoussons le système de l'organisation cantonale, bien qu'il semble fonctionner d'une manière assez satisfaisante dans quelques départements et qu'il ait trouvé des défenseurs dans l'enquête de 1872. Il est bien des régions où le canton ne serait pas mieux outillé que la commune pour créer tels ou tels rouages compliqués de l'assistance médicale.

Mais, si commune et canton nous semblent être des unités politiques trop peu puissantes pour pouvoir assumer la mission d'organiser l'assistance, irons-nous, par une tendance opposée, jusqu'à faire intervenir l'Etat? Pas davantage, car les inconvénients d'une pareille centralisation seraient tout aussi graves que ceux d'un émiettement excessif des services de secours publics. Dans une question si délicate, il faut, en effet, tenir grand compte des besoins des populations, des ressources disponibles, de la facilité des communications, du nombre des médecins exerçant dans la région, en un mot d'une foule de conditions et de convenances locales que l'administration centrale est trop loin pour pouvoir apprécier. Ce rôle ne saurait être mieux dévolu qu'aux autorités départementales, Conseil général, représentant des populations, et préfet, représentant du Gouvernement.

Mais s'il n'y a qu'inconvénient à jeter tous les services de l'assistance dans un moule uniforme embrassant la France entière, il n'en est pas moins indispensable que la loi renferme des dispositions, applicables à tout le pays, qui devront servir de base aux projets d'organisation départementale. Les questions qui devront ainsi être tranchées par la loi sont : 1° celles qui ont trait au domicile de secours, puisqu'elles engagent la responsabilité de l'État dans une certaine mesure; 2° et celles qui concernent les attributions des bureaux d'assistance et la formation des listes d'indigents : l'intervention du Parlement est ici d'autant plus justifiée, que de la manière dont seront dressées les listes d'indigents dépend en grande partie l'avenir de la loi que nous préparons.

Si nous ne voulons pas encourager la paresse et l'imprévoyance, si nous ne voulons pas amener l'individu valide à compter sur le bureau pour le secourir lui et les siens, si nous tenons enfin à réduire au strict minimum les dépenses d'assistance, l'élaboration de la liste des indigents doit être entourée des plus sérieuses garanties.

L'expérience a montré que, comme du reste il était facile de le prévoir, dans les départements où le contingent communal est fixé d'après le nombre des habitants, les municipalités se laissent aller à surcharger la liste de gratuits, pour assurer à la majorité de leurs commettants les secours publics, qui, l'abonnement au service départemental une fois payé, ne coûtent plus rien à la commune. C'est ce qui a lieu, par exemple, dans les Vosges, où, à tant d'égards, le service de la médecine gratuite est bien organisé.

Il y a là une tendance des plus fâcheuses que la loi doit combattre. Le département des Vosges y a remédié dans une certaine mesure en mettant les dépenses pharmaceutiques à la charge des communes, qui, pour tous les autres frais du service médical, payent une redevance fixe au budget départemental d'assistance.

Mais le meilleur moyen d'arriver à cette fin, serait de faire intervenir dans la fixation de la taxe communale d'assistance, comme élément prépondérant, le nombre des indigents de la commune.

Une semblable disposition aurait un double avantage : d'une part, elle mettrait un frein à des complaisances funestes, autant pour la moralité publique que pour le budget des pauvres; d'autre part, comme les conseils municipaux auront à établir les listes d'indigents, ils pourront ainsi — ce qui est de toute justice — intervenir dans la gestion des fonds d'assistance portés obligatoirement sur leurs budgets.

En dehors de ces questions, tous les détails du système d'assistance devront être réglés par les autorités départementales. Elles auront à choisir un mode de secours à domicile, à déterminer l'étendue et le nombre des circonscriptions hospitalières, à dresser et à gérer le budget de l'assistance, à répartir les dépenses entre les budgets communaux et départementaux, etc. Mais leurs pouvoirs ne pourraient aller — est-il besoin de le dire — jusqu'à introduire dans leurs règlements des dispositions contraires aux termes et à l'esprit de la loi. Aussi leurs projets devront-ils être soumis à l'approbation du Ministre de l'intérieur qui croira, sans doute, devoir prendre l'avis du Conseil supérieur de l'Assistance publique.

En résumé, voici quelle doit être, selon nous, l'économie générale du projet de réforme :

1° Les communes doivent l'assistance aux nécessiteux malades qui y possèdent leur domicile de secours;

2° Dans chaque commune, ou syndicat de communes, un bureau d'assistance dirigera tous les services de secours publics;

3° Les conseils municipaux interviendront dans la gestion du bien des pauvres, d'une part, en établissant définitivement les listes d'indigents préparées par le bureau, d'autre part, en nommant une partie des membres de ce bureau et en contrôlant certains de ses actes;

4° Au département incombe la mission d'organiser un réseau complet d'assistance médicale et celle d'établir et de gérer son budget;

5° Les ressources de ce budget auront, en dehors de celles qu'il a aujourd'hui (taxe des pauvres, etc.), une triple origine, subvention de l'État, si celle-ci est indispensable, subvention du département, et enfin contingent des communes, qui devront être fixés d'après leurs ressources matérielles et d'après le nombre d'indigents portés sur leurs listes de gratuité;

6° L'État n'interviendra dans l'organisation de l'assistance médicale qu'à titre de contrôle et de surveillance, abstraction faite des subventions qu'il pourra accorder aux départements et des dépenses à sa charge occasionnées par les individus sans domicile fixe;

7° Dans les départements qui n'auraient pas usé de leur droit d'initiative, l'État pourra imposer d'office un règlement qui assure la marche des services de l'assistance.

Il nous semble qu'un système établi sur ces bases, conformes d'ailleurs aux vues de l'Administration, réaliserait dans la mesure du possible ce qu'on est en droit d'attendre des pouvoirs publics. Mettre le secours à la portée de l'indigent pauvre, pour le rendre réellement efficace en faisant de la commune l'organe essentiel de l'assistance; intéresser les autorités municipales à ce que le budget de l'indigence soit utilement employé, mettre en jeu l'initiative départementale pour adapter l'organisation des services aux ressources et aux besoins de chaque région du pays, répartir équitablement les charges pécuniaires entre les communes et le département, en ne faisant intervenir l'État que lorsque ceux-ci ne pourront les supporter, telles sont les vues générales qui nous ont guidés dans l'élaboration du projet de réformes que nous vous soumettons.

Appliqué dans ces conditions, le principe de l'assistance obligatoire ne nous semble pas présenter les inconvénients qu'une certaine école lui a attribués.

Assistance obligatoire et droit à l'assistance sont, a-t-on dit, deux termes corollaires; rendre l'assistance obligatoire, c'est encourager l'indigent ou plutôt celui qui est sur les confins de l'indigence à ne pas demander au travail sa subsistance; c'est créer des armées de pauvres; c'est étendre le fléau du paupérisme au lieu de le restreindre. Il en serait évidemment ainsi si l'on reconnaissait à l'indigent le *droit* de réclamer l'accomplissement du *devoir social* de l'assistance, si on lui donnait une créance contre la société. Nous n'hésitons pas à combattre cette manière de voir où nous voyons une généreuse mais dangereuse utopie. Tout au contraire, nous nous plaçons au même point de vue que notre vice-président, M. Th. Roussel, dans l'exposé des motifs qui précède sa proposition de loi de 1872. « La même loi sociale, dit-il excellemment, qui prescrit à la société d'assister l'indigent dans ses souffrances et dans ses besoins, prescrit avec une égale force à l'indigent valide, le travail, la prévoyance et l'économie, qui seuls peuvent créer des moyens d'assistance. Nous voyons ainsi clairement la véritable harmonie sociale résulter de l'accomplissement d'un double devoir et non de la coexistence d'un devoir et d'un droit. »

C'est en partant de cette conception que nous n'étendons le bénéfice de l'assistance publique qu'à ceux qui sont dans l'impossibilité de travailler pour gagner leur vie et que, d'autre part, nous dénions à qui que ce soit le droit de demander l'inscription de son nom sur la liste des indigents. Nous irions ainsi plus loin dans l'application du principe qu'on ne le fait en Allemagne, où le nécessiteux, s'il n'a pas de recours auprès de la justice ordinaire, peut saisir de ses réclamations l'autorité administrative.

Il nous est également impossible d'admettre que l'assistance obligatoire ait pour conséquence forcée l'augmentation abusive du nombre des assistés.

Nous croyons au contraire qu'une loi qui intéresserait les conseils municipaux et généraux à ne pas étendre outre mesure les listes de gratuité, dans l'intérêt de leurs budgets, aurait des résultats contraires. Ce qu'il y aurait à craindre, ce serait moins l'extension abusive de ces listes qu'une trop grande sévérité dans l'admission aux secours publics.

L'exemple des pays d'assistance obligatoire est là pour montrer que le nombre des assistés y est moindre qu'en France, comme nous le verrons ultérieurement.

D'un autre côté, sans rendre, comme en Allemagne et en Angleterre, le travail obligatoire, il est évident que le jour où des secours seront assurés à tous ceux qui ne peuvent travailler, le vagabondage et la mendicité pourront et devront être réprimés avec une énergie que la situation actuelle ne comporte point.

On a prétendu, en outre, que le principe de l'assistance publique obligatoire tarirait à sa source la charité privée. L'État secourt; pas n'est besoin de venir en aide aux malheureux, se diraient les âmes charitable. Cette objection ne nous semble pas plus fondée que les précédentes.

La charité privée n'obéit pas à de semblables raisonnements, elle naît d'un sentiment généreux inhérent à la nature humaine qui cherche dans l'exercice de la bienfaisance, en dehors de toute autre considération, la plus noble des jouissances. Elle n'ignorera jamais que son concours est précieux pour les pouvoirs publics et que l'Assistance officielle laissera toujours bien des misères sans soulagement. L'expérience, du reste, apprend que les libéralités individuelles vont surtout là où existe une organisation et que les bureaux de bienfaisance, les hôpitaux, même les mieux dotés, reçoivent chaque jour des donations et des legs.

Nous arrivons enfin à l'argument qu'invoquent le plus volontiers les adversaires de l'assistance obligatoire. Ce système, disent-ils, fonctionne depuis des siècles en Angleterre, les résultats y ont été déplorables. Le « poor law », malgré les modifications successives qu'il a subies, fait peser sur les contribuables les plus lourdes charges sans diminuer le paupérisme.

A ce jugement sévère nous pourrions opposer l'opinion d'hommes politiques considérables comme M. Fawsett. « Je crois, dit-il, que l'expérience prouve qu'avec une bonne et stricte administration du poor law, l'assistance peut être restreinte aux cas où elle est réellement nécessaire, et que le paupérisme est moins encouragé que ce ne serait le cas si le pauvre n'avait d'autres ressources qu'une charité faite sans discernement et sans organisation. » C'est à l'ouvrage d'un adversaire de l'assistance obligatoire, M. Fleury Ravarin, que nous empruntons cette citation. Il ajoute, d'ailleurs, pour son propre compte, après avoir rappelé toutes les critiques dont le système anglais a été l'objet, la réflexion suivante : « Je sais bien que tous n'ont pas jugé aussi sévèrement le système, et qu'on a rapporté à son application le peu de vitalité relatif que les théories socialistes ont acquis dans la Grande-Bretagne (1). »

En tous cas, la proportion des assistés à la population totale a diminué en Angleterre, dans ces quarante dernières années, d'une manière continue. Pour 1,000 habitants, il y avait, en 1849, 62,7 assistés ; ce rapport s'abaissa,

de 1850 à 1859, à 49,
de 1860 à 1870, à 46,
de 1870 à 1880, à 36,3,
de 1880 à 1888, il a toujours oscillé de 28,6 à

28,3 (chiffre de 1888) (2).

Les éléments nous manquent au milieu d'assertions contradictoires pour formuler un jugement sur le système anglais ; mais l'acte d'accusation qu'on a dirigé contre lui fût-il absolument justifié, que l'on n'en saurait tirer aucun argument contre l'adoption du programme que nous défendons.

En effet, l'organisation de l'assistance en Angleterre repose sur des principes tout différents de ceux qui nous ont guidés. Reconnaissance absolue

---

(1) De l'Assistance communale en France. Paris, 1885, p. 12.
(2) 17ᵉ Annual Report of the Local Government Board, 1888.

du droit à l'assistance à telles enseignes que l'indigent peut poursuivre les administrateurs qui ne lui ont pas fourni les secours indispensables, faculté laissée aux paroisses de subordonner l'octroi de l'assistance à l'entrée au workhouse, dont les règlements sévères avec travail forcé effrayent l'indigent; enfin, taxe des pauvres, que tous jugent très onéreuse et très mal répartie, tels sont les éléments essentiels de ce système. Peut-il, en toute justice, être rapproché de celui dont nous avons plus haut tracé les grandes lignes, où ne figurent ni le droit à l'assistance, ni le travail forcé, ni la taxe des pauvres?

Infiniment plus que le « poor law », l'organisation actuelle de l'assistance publique en Allemagne pourrait être comparée avec le système que nous voudrions voir adopter en France. Aussi croyons-nous utile d'en indiquer ici les dispositions essentielles, en utilisant, d'une part, les renseignements que nous avons recueillis sur place, et de l'autre, un fort intéressant article de M. Leroy, sur l'assistance publique en Allemagne (1).

L'assistance publique en Allemagne, sauf en Bavière et en Alsace-Lorraine, est obligatoire pour les malades, les indigents, les infirmes; elle est régie par deux lois, celles de juin 1870 et de mars 1871 (2).

Le pivot de l'assistance est dans les « Unions locales des pauvres » pour les villes, dans les « Unions rurales des pauvres » pour les campagnes, lesquelles peuvent se syndiquer. Les unions de pauvres, qu'on peut assimiler à nos bureaux de bienfaisance, sont chargées de distribuer les secours. « L'union des pauvres, obligée d'assister un indigent, doit fournir à tout Allemand un asile, les moyens de subsistance indispensables, les soins nécessaires en cas de maladie, et en cas de mort, une sépulture convenable. » (Art. I de la loi du 8 mars 1871.)

Dans chaque district (Bezirk) existe une représentation permanente de l'Union des pauvres de la région, composée des délégués des communes et domaines seigneuriaux. Cette assemblée répartit entre les communes et les domaines les dépenses de l'assistance : les communes et les domaines pourvoient à l'établissement et au recouvrement des taxes nécessaires.

La loi règle minutieusement les rapports des unions de pauvres entre elles et les moyens de terminer leurs conflits au sujet du domicile de secours; enfin elle renferme des dispositions très sévères qui permettent aux communes d'interdire le séjour sur leur territoire aux nouveaux arrivants, s'ils ne peuvent justifier de moyens d'existence.

---

(1) Revue générale d'administration (nov. 88).
(2) Nous laissons ici de côté les dispositions relatives au domicile de secours, sur lesquelles nous reviendrons ultérieurement.

Citons, comme particularité curieuse, ce fait qu'aux termes de la loi allemande, l'acceptation de fonctions gratuites dans les services d'assistance est obligatoire, en dehors de certains cas d'exceptions.

Quels résultats a produit le système allemand? il est difficile d'en juger d'après les chiffres : car la statistique la plus complète que nous possédions, celle de l'année 1885, est postérieure à la mise en vigueur des lois sur l'assurance obligatoire des ouvriers contre les maladies et contre les accidents (15 juin 1883, 6 juillet 1884) qui ont singulièrement allégé les charges de l'Assistance publique, au moins dans les villes.

Quoi qu'il en soit, d'après M. Leroy, voici les données essentielles de la statistique pour les pays allemands à assistance obligatoire. Pour 39 millions 871,150 habitants, il y avait 81,224 unions de pauvres qui ont assisté 1,329,216 indigents, soit 34 pour 1,000 habitants. Les dépenses ont été de 195 marks par 100 habitants, tandis qu'en Bavière et en Alsace-Lorraine, pays d'assistance facultative, elle a été de 189 et 276 marks; il est permis d'en conclure que la dépense est plutôt moins élevée dans les pays d'assistance obligatoire.

Les dépenses d'assistance se sont élevées, pour tout l'Empire allemand, à 87,730,839 marks, soit 109,662,548 francs.

Nous avons tenu à donner ces chiffres pour montrer que le principe de l'assistance obligatoire n'entraine pas par lui-même une exagération notable des dépenses; cette statistique démontre, en effet, qu'en Alsace-Lorraine, où le système français est encore en vigueur, celles-ci sont tout aussi élevées qu'en Allemagne.

Quant au jugement à porter sur cette organisation allemande, l'enquête que nous avons faite auprès de diverses personnes compétentes, nullement suspectes de partialité en faveur des institutions allemandes, nous porterait à croire que si les données fondamentales de la loi ne sont guère combattues aujourd'hui, on ne saurait en dire autant de la manière dont elle est appliquée. D'autre part, au sein des congrès d'assistance rurale qui ont été tenus en Allemagne dans ces dernières années, aucune voix ne s'est élevée contre le principe de la loi, et les critiques adressées à l'état de choses actuel ont surtout visé l'impuissance des unions rurales de pauvres à subvenir aux dépenses causées par certains services.

L'exemple de l'Allemagne n'est pas fait pour nous décourager. Sans vouloir calquer notre organisation sur la sienne, nous pourrons tirer parti de l'expérience qui y est faite de l'assistance communale obligatoire pour remédier à certains dangers que ce système présente.

D'ailleurs, en terminant cet exposé, nous tenons à répéter que nous avons seulement voulu esquisser les grandes lignes d'un projet de réforme, sans nous dissimuler qu'à l'application, certaines modifications au plan primitif pourront être jugées indispensables·

SECONDE PARTIE

Après avoir exposé l'économie générale de notre plan de réforme, il nous faut maintenant revenir sur certaines questions, pour formuler les solutions qu'elles nous paraissent comporter; nous aurons à indiquer successivement les modifications que nous proposons d'apporter à la *législation du domicile de secours*, aux *attributions des bureaux d'assistance*, à l'*élaboration des listes d'indigents*.

Quant à l'organisation, soit de *la médecine gratuite à domicile*, soit de *l'assistance hospitalière*, pleine latitude étant laissée aux autorités départementales de la réglementer au mieux des convenances locales, nous n'aurions pas à nous en occuper ici, s'il ne fallait préparer un règlement modèle qui pût être appliqué dans les départements où les Conseils généraux n'auraient pas répondu à l'appel du Parlement.

DOMICILE DE SECOURS

On pourrait dire que la question du domicile de secours est la clef de voûte de toute organisation de l'assistance publique fondée sur le principe de l'obligation communale. S'il est juste que la commune donne les soins médicaux à ses indigents, ce devoir n'existe pour elle qu'à l'égard des individus avec lesquels elle a des intérêts communs, qui lui ont apporté leur travail, qui ont vécu de sa vie; elle ne saurait être tenue d'assister ceux qui n'ont encore contracté avec elle aucun lien solide, ni ceux qui l'ont abandonnée depuis un certain temps, pour porter ailleurs leur activité.

Il ne saurait y avoir équitable répartition des charges d'assistance, si la législation du domicile de secours ne s'inspire pas de ces principes. Est-ce le cas pour la loi du 24 vendémiaire an II, qui est encore appliquée aujourd'hui, au moins dans ses prescriptions essentielles, c'est ce qu'il importe de rechercher.

Voici quelles sont ses dispositions principales, abstraction faite de quelques exceptions dont l'étude détaillée nous entraînerait trop loin, et des règles applicables à l'assistance hospitalière, dont nous nous occuperons plus tard.

L'article 1er est ainsi conçu : « Le domicile de secours est le lieu où l'homme nécessiteux a droit aux secours publics. » Cet article, impliquant le droit à l'assistance, devrait être évidemment modifié dans un sens conforme à notre manière de concevoir l'obligation légale.

Art. 2. — Le lieu de naissance est le lieu naturel du domicile de secours.

Art. 3. — Le lieu de naissance pour les enfants est le domicile habituel de la mère au moment où ils sont nés.

Art. 4 — Pour acquérir le domicile de secours, il faut un séjour d'un an dans une commune.

Art. 7. — Jusqu'à l'âge de vingt et un an, tout citoyen pourra réclamer sans formalité le droit de domicile de secours dans le lieu de sa naissance.

Art. 8. — Après l'âge de vingt et un ans, il sera astreint à un séjour de six mois avant d'obtenir ce domicile.

A plusieurs titres, cette législation présente les plus graves inconvénients, consacre les plus choquantes anomalies.

Son principe le plus critiquable, ce semble, est qu'il donne au domicile de secours un caractère essentiellement personnel. Le mari ne le transmet pas à sa femme, ni le père à son enfant. Comme le fait remarquer F. Ravarin(1), « on pourrait citer de nombreux cas où les principes posés par la loi ont pour résultat direct de rompre l'unité de la famille. Un individu de Lyon épouse une femme de Paris et le ménage se fixe à Marseille. Le domicile de secours sera pour le père Lyon, pour la mère Paris et pour l'enfant soit Paris, soit Marseille, suivant que l'on jugera que le « domicile habituel » de la mère était dans l'une ou l'autre de ces villes ».

D'autre part, l'expérience a souvent montré qu'il est malaisé de fixer le domicile de secours d'un enfant par suite des changements de résidence de la mère, et que l'expression de domicile habituel prête à de nombreuses difficultés d'interprétation.

Mieux vaudrait donner à la mère le domicile de secours de son mari, à l'enfant celui de ses parents, et, à défaut du père, celui de la mère. Ce serait donc par la filiation et non par la naissance que serait acquis le domicile de secours initial ; rien n'est plus légitime, puisque les droits de la famille priment tous les autres.

Telle est, du reste, la solution adoptée en Allemagne. En Belgique, il est vrai, le domicile de secours est fixé au lieu de naissance, avec ce correctif,

_____

(1) *De l'Assistance communale*, 1855, p. 39

toutefois, qu'il se perd par une absence continue de cinq années. Mais l'inconvénient d'une semblable disposition est singulièrement atténué par ce fait que, dans la législation belge, la responsabilité pécuniaire de la commune est très limitée. Tout indigent est secouru provisoirement dans la commune où il se trouve; celle du domicile de secours peut, soit le rappeler chez elle, soit consentir à ce qu'il soit soigné là où il se trouve. Dans ce cas, elle ne contribue à la dépense que pour un quart, les trois autres quarts sont reportés sur un fonds provincial.

Il ne nous en semble pas moins préférable d'adopter la solution que nous avons indiquée, d'autant qu'elle est conforme à l'esprit de notre législation civile.

La législation actuelle présente un autre inconvénient qui n'est pas moins grave, en ce qu'elle laisse à l'indigent son domicile de secours naturel aussi longtemps qu'il n'en a pas acquis un nouveau. Qu'il ait quitté son pays d'origine depuis de longues années, sans y conserver aucune attache, il n'en reste pas moins à la charge de sa commune d'origine aussi longtemps qu'il ne s'est pas assuré un domicile de secours dans une autre commune. Or tel est le cas pour les individus sans résidence fixe qui, plus que tous les autres peut-être, recourent à l'assistance publique.

Dans le système de l'obligation communale, demander à une commune de payer les soins médicaux donnés à ces indigents qui lui sont devenus depuis longtemps étrangers, sous prétexte qu'ils y ont eu, à un moment donné, très éloigné parfois, leur domicile de secours, ce serait une choquante anomalie qui soulèverait à juste titre les plus vives protestations et pourrait compromettre le succès de la loi.

Il est donc de toute justice que la commune soit dégagée de ses devoirs d'assistance envers ceux qui l'ont abandonnée depuis un certain temps, en d'autres termes, que le domicile de secours se perde par une absence d'une certaine durée.

Quant aux indigents qui, par suite de leur vie nomade, auraient perdu leur domicile de secours communal naturel, sans en acquérir un nouveau, nous proposerions de les mettre à la charge du département, dans le cas où ils auraient séjourné pendant un certain temps à préciser, d'une manière continue, sur son territoire, ou à la charge de l'Etat, dans le cas contraire. L'institution d'un semblable domicile de secours départemental ou national nous semble constituer un correctif indispensable au principe de l'assistance communale, là où celui-ci ne saurait se justifier.

Il va de soi que là où les communes seront syndiquées, il n'y aura qu'un domicile de secours pour le syndicat entier.

Reste à déterminer quel devra être le délai nécessaire pour l'acquisition et -- corollaire naturel — pour la perte de domicile de secours. Sur ce point, les avis sont très partagés; c'est ainsi que, dans l'enquête de 1872, les conseils généraux sont arrivés à des conclusions très dissemblables. Quatre d'entre eux ont demandé que ce délai fût fixé à six mois; dix-sept, à un an; six, à deux ans; quatre, à plus de deux ans; quinze ont proposé d'identifier le domicile de secours avec la résidence; la plupart enfin ont éludé la question.

Nous écarterons d'abord la solution qui consisterait à identifier le domicile de secours avec le domicile civil. Comme le dit F. Ravarin, « cette solution n'est pas soutenable quand on songe que le domicile civil s'acquiert par la simple coexistence de deux conditions : l'une, matérielle, l'établissement réel; l'autre, mentale, l'intention de s'y fixer, démontrée par des déclarations officielles, ou, à défaut, par des circonstances (art. 102 à 105 du Code civil). Soumettre l'acquisition du domicile de secours à des conditions d'une réalisation si facile, ce serait en réalité l'affranchir de toute entrave. Autant vaudrait dire que la simple présence dans une commune y donne droit à l'assistance ». Un tel système aurait les conséquences les plus fâcheuses. Aujourd'hui déjà, certaines municipalités rurales n'ont que trop de tendance à se débarrasser de leurs malades et de leurs infirmes sur les villes ou bourgs voisins, mieux organisés pour l'assistance à tous les points de vue; sous le régime de l'obligation communale, la tentation serait encore plus grande pour les administrations des petites communes, de dégrever leur budget en incitant leurs indigents à fixer leur résidence dans les localités à proximité, pour y acquérir le domicile de secours.

D'ailleurs, aucun lien de solidarité n'unissant une commune à celui qui ne fait qu'y résider d'une manière passagère, il serait injuste de lui demander de l'assister. De même une absence momentanée ne saurait dégager la commune de ses devoirs envers celui qui y possède par filiation, ou autrement, son domicile de secours.

La loi doit donc exiger un stage d'une certaine durée pour l'acquisition, et une absence continue de la même durée pour la perte du domicile de secours. Mais à quel laps de temps faut-il s'arrêter? Un an, comme dans la législation actuelle, deux ans, comme en Allemagne, cinq ans, comme en Belgique? L'exemple de ce dernier pays ne saurait être invoqué ici; car, comme nous l'avons vu, le principe de l'assistance communale n'y est appliqué que dans des conditions très limitées.

C'est entre ces deux termes, un an ou deux ans, que le choix se limite. Si nous inclinons vers cette dernière solution, c'est parce qu'elle affirme mieux le principe de l'assistance communale qui doit dominer toutes les prescriptions de la loi, en indiquant qu'une absence momentanée ne peut rompre les liens qui unissent un indigent à sa commune d'origine.

En résumé, voici les dispositions principales que nous proposons d'inscrire dans la législation :

1° Les enfants ont le domicile de secours de leurs parents; la femme ayant pris celui de son mari ;

2° Le domicile de secours dans une commune se perd par une absence continue de deux ans ;

3° Il s'acquiert par une résidence ininterrompue de la même durée dans une commune ;

4° A défaut de domicile de secours communal, l'indigent est considéré comme ayant un domicile de secours départemental, s'il a séjourné pendant les deux années précédentes dans ce département ;

5° A défaut de domicile de secours communal et départemental, il tombe à la charge de l'État (domicile de secours national).

DES BUREAUX D'ASSISTANCE PUBLIQUE

Du principe de l'assistance communale obligatoire découle cette conséquence que toute commune doit posséder un *bureau d'assistance publique* (1). Si, sous le régime actuel, on a pu objecter aux partisans de la création d'un bureau de bienfaisance dans toutes les communes, que certains bureaux manquant totalement de ressources constitueraient un rouage inutile, on ne pourra plus en dire autant le jour où les frais d'assistance figureront parmi les dépenses obligatoires du budget communal; le jour enfin où les petites communes pourront s'associer en syndicat n'ayant qu'un bureau d'assistance.

Dans les petites localités, ces bureaux n'auront qu'à administrer le budget des pauvres et à distribuer des secours à domicile; dans celles qui sont pourvues d'établissements hospitaliers, la centralisation, sous leur direction, quand elle sera possible, des secours à domicile et des secours hospitaliers constituerait un très grand progrès au point de vue de la marche de ces services, en même temps qu'elle permettrait de réaliser une sérieuse économie. Ce serait,

---

(1) Nous préférons la dénomination de bureau d'assistance à celle de bureau de bienfaisance : car elle répond mieux à la nature des secours donnés par la commune. Celle-ci ne fait pas l'aumône, ni la bienfaisance, elle donne assistance.

par exemple, le meilleur moyen d'éviter des doubles emplois dont profitent surtout ceux qui exploitent tant l'assistance publique, que la charité privée. C'est ainsi que l'on voit des individus frapper successivement à la porte des bureaux de bienfaisance, des dispensaires, des consultations gratuites hospitalières. Si tous les services de secours médicaux étaient réunis sous la même direction, les consultations gratuites données aujourd'hui dans les établissements hospitaliers à tous ceux qui se présentent seraient réservées ainsi que la distribution des médicaments, des appareils prothétiques, etc., à ceux seulement qui seraient portés sur la liste des indigents.

Il y aurait d'ailleurs grand avantage à confier également à ces bureaux la surveillance des enfants du premier âge et des enfants assistés.

Quant au mode de constitution de ces bureaux, nous ne croyons pas qu'il y ait lieu de modifier l'état de choses actuel. Le Conseil municipal et l'Administration départementale doivent également y avoir leur place, l'un parce qu'il représente directement la commune, l'autre parce que le département, présidant à l'organisation de l'assistance, a le droit de surveiller l'exécution du règlement général qu'il a édicté. Le préfet pourrait ainsi appeler à faire partie du bureau telle ou telle personne, connue par son dévouement à la chose publique et aux œuvres de bienfaisance, ce qui faciliterait l'entente si désirable entre la charité privée et l'assistance officielle.

Le département et la commune étant directement intéressés à une bonne gestion de l'assistance, les actes principaux des bureaux spécifiés par la loi devront être soumis au contrôle des conseils municipaux et de l'administration départementale.

C'est d'après ces considérations que la deuxième section formule les conclusions suivantes :

Il devra être créé dans chaque commune un bureau d'assistance publique ayant pour mission de venir en aide aux indigents de la commune. Plusieurs communes limitrophes pourront s'associer en un syndicat n'ayant qu'un seul bureau d'assistance.

Dans les communes dépourvues d'établissements hospitaliers, ces bureaux n'ont à disposer directement que des secours à domicile ; dans les communes qui possèdent des établissements hospitaliers, ils ont à pourvoir à la fois aux secours hospitaliers et à domicile.

Rien n'est innové en ce qui concerne le mode de nomination des membres du bureau.

Les délibérations du bureau seront soumises à l'approbation préfectorale; le budget et les déterminations d'une certaine importance, que la loi devra spécifier, seront également soumises à la sanction du Conseil municipal.

LISTE DES INDIGENTS

Tous ceux qui se sont occupés des questions d'assistance ont été frappés du nombre évidemment exagéré d'individus qui, en France, sont portés sur les listes d'indigents.

Il résulte, en effet, de la statistique la plus récente sur le fonctionnement des bureaux de bienfaisance que la proportion des indigents inscrits à la population totale est de 64,2 pour 1,000. Or, en Allemagne, d'après les documents officiels, elle n'était en 1885 que de 33,8 pour 1,000, abstraction faite de la population hospitalière, et en Angleterre elle n'est actuellement que de 28 environ pour 1,000.

Comment expliquer ces dissemblances? Serait-ce que le paupérisme est plus intense en France qu'en Allemagne ou en Angleterre? Nul ne le soutiendra. Ne serait-ce pas plutôt, comme l'a fait remarquer M. le directeur de l'Assistance publique dans le rapport qu'il a lu à la première session du Conseil supérieur, que dans ces deux pays, l'assistance est réellement organisée, tandis qu'elle ne l'est pas en France? Pour se convaincre que c'est bien à l'absence de toute méthode dans la confection des listes d'indigents qu'il faut attribuer ce regrettable état de choses, on n'a qu'à jeter un coup d'œil sur les statistiques qui nous ont été soumises (fascicule 9). On y verra qu'il existe les écarts les plus considérables entre les départements, écarts qui ne sont nullement en rapport avec la situation matérielle des populations.

Pour ne citer que quelques exemples, la proportion des indigents à la population est pour 1,000 habitants de 16,8 dans le Doubs; de 17,9 dans l'Allier, de 34 dans le Cher, de 32,5 dans le Gers, contre 148,3 dans le Pas-de-Calais, 102,6 dans la Somme, 136 dans les Vosges. Ces chiffres sont, ce semble, éloquents.

Nous avons déjà montré que l'organisation méthodique de l'assistance établie sur les bases que nous avons posées aurait pour conséquence, non de créer un paupérisme artificiel, mais de diminuer dans de notables proportions le nombre des assistés. Du jour, en effet, où le budget communal sera directement intéressé à ce que la liste d'indigents ne soit pas surchargée, du jour où la taxe communale d'assistance dépendra avant tout du nombre d'indigents de la commune, on aura moins à craindre de semblables abus.

Il serait plutôt à redouter qu'afin d'alléger les charges budgétaires on en vint à refuser l'assistance à ceux mêmes qui en ont un impérieux besoin.

Il y a donc danger des deux côtés, et pour assurer le bénéfice des secours publics, à tous les nécessiteux et à eux seuls, pour sauvegarder à la fois les intérêts de l'individu et ceux de la collectivité, il faut que l'établissement de la liste de gratuité soit entourée des plus sérieuses garanties.

Se trouvant toujours en rapport avec la population pauvre, dont il connait les besoins et les ressources, le bureau d'assistance est bien placé pour faire le premier travail qui doit reposer sur une enquête approfondie de la situation matérielle des indigents; mais, comme certains éléments d'information pourraient lui faire défaut, la présence à ses délibérations, avec voix consultative du percepteur et de l'un des répartiteurs désigné par le sous-préfet serait d'une grande utilité. Dans certains cas aussi, les médecins d'assistance pourront fournir des renseignements précieux, aussi est-il de toute justice que, sur leur demande, ils soient appelés à soumettre leurs observations au bureau.

Ainsi préparée, la liste d'indigents serait soumise au Conseil municipal qui l'arrêterait en séance privée.

Comme, malgré ces précautions, des erreurs pourraient se glisser dans l'élaboration de la liste, il serait bon d'établir un recours soit en inscription nouvelle, soit en radiation, émanant non des indigents, mais des membres du bureau et du conseil municipal ou même des contribuables.

Tout litige devrait être soumis à une commission composée de personnes impartiales et placées assez près pour se prononcer avec promptitude et en connaissance de cause.

Enfin, pour assurer des secours à tous les nécessiteux et à eux seuls, il serait indispensable que la liste fut réservée à intervalles rapprochés; car la situation d'un individu placé en quelque sorte aux confins de l'indigence peut se modifier en peu de temps, soit par l'augmentation ou la disparition de ses ressources familiales, soit par un incident comme une mauvaise récolte ou la mort d'une tête de bétail.

Il peut même se présenter des cas de force majeure où il sera indispensable de donner des secours à des individus qui n'auraient pas été portés sur la liste, à des individus étrangers à la commune par exemple. Mais, sous peine de rendre la liste des indigents une formalité illusoire, on ne doit pas donner une trop grande latitude aux bureaux à cet égard.

C'est en nous inspirant de ces considérations que nous nous sommes arrêtés aux dispositions suivantes :

Quatre fois par an, un mois avant chaque session ordinaire du conseil municipal, le bureau d'assistance établit la liste des indigents, en présence du percepteur et d'un des répartiteurs nommé par le sous-préfet; celle-ci, après approbation par le conseil municipal en séance privée, est déposée au secrétariat de la mairie.

Avis de ce dépôt est fait par affiches. Pendant un délai de vingt jours, des demandes d'inscription ou de radiation pourront être faites, soit par un membre du bureau ou du conseil, soit par lettre signée de cinq contribuables de la commune. Après enquête, il sera donné avis de la suite donnée à la demande. En cas de désaccord sur ces réclamations entre le bureau d'assistance et le conseil municipal, le litige sera porté devant une commission, composée du sous-préfet de l'arrondissement, du conseiller général et du juge de paix du canton, qui statuera en dernier ressort.

En cas de force majeure dans l'intervalle de deux sessions, le bureau d'assistance pourra venir en aide à des individus non portés sur les listes d'indigents, sur ses propres ressources, ou sur celles que le conseil municipal aurait votées à cet effet.

SECOURS MÉDICAUX A DOMICILE

Si, de l'avis unanime, le secours à domicile est le mode régulier de l'assistance médicale, on est loin de s'entendre en ce qui concerne la manière de l'organiser. L'enquête de 1872 révèle un désaccord profond en la matière de la part des divers corps constitués appelés à formuler leur opinion. Le fait n'a rien qui doive nous surprendre, car peut-être tel système applicable aux pays à population dense, agglomérée, riche en médecins, offrirait-il de graves inconvénients dans les régions où la population est plus disséminée et le nombre des médecins moindre.

Si on laisse de côté le système de la liberté absolue par la charité individuelle, sans attache administrative, système que défendent seuls les adversaires de toute organisation régulière, on peut ramener à trois types les modes d'assistance médicale aujourd'hui mis en pratique.

Le premier en date est celui de la *Médecine cantonale*. Inauguré en Alsace, où il a toujours fonctionné et fonctionne encore aujourd'hui, ce système a au début été très favorablement accueilli, et, en 1833, l'Académie de médecine, sur le rapport de Double, le recommandait aux pouvoirs publies; mais bientôt commença une opposition qui, depuis, n'a fait que s'accroître et s'étendre. Condamnée dès 1845 par le Congrès médical, la médecine cantonale est aujourd'hui l'objet des plus vives critiques, émanant non seulement de l'immense majorité des sociétés médicales, mais encore du plus grand nombre des corps politiques : ainsi, dans l'enquête de 1872, neuf conseils généraux seulement se prononcèrent en sa faveur. Un exposé succinct de ce système suffira, croyons-nous, pour justifier le discrédit presque universel où il est tombé (1).

Dans chaque canton est institué, par le préfet, un médecin cantonal chargé de soigner gratuitement les individus portés sur les listes d'indigence. Il reçoit une allocation fixe proportionnée tant à l'étendue de sa circonscription, qu'au nombre des indigents qu'il peut être appelé à traiter.

Ce système, dit-on à juste titre, lèse à la fois l'indépendance du médecin et la liberté du malade. Il fait de certains médecins des fonctionnaires qui, comme tels, sont sous la dépendance des préfets, des maires et des malades; il nuit à leur considération professionnelle, en ouvrant la porte au privilège et à l'intrigue. Quant au malade, il peut se plaindre, et se plaint souvent d'être contraint de s'adresser à un médecin qu'il n'a pas choisi, et qui, parfois, possède d'autant moins sa confiance qu'il lui a été imposé. Enfin, ce monopole, en supprimant la concurrence entre les médecins, ne peut qu'être désavantageux à la marche du service. Demander au médecin, fût-il le plus dévoué, de sacrifier sa clientèle pour se transporter auprès d'un indigent, au point le plus éloigné de son canton, c'est le placer entre son intérêt et son devoir; c'est souvent aussi lui demander un effort auquel les forces humaines ne sauraient suffire.

Ce dernier vice de la médecine cantonale est trop grave pour que ses partisans même n'aient pas cherché à y remédier; on y est arrivé dans une certaine mesure, en divisant les cantons les plus vastes en circonscriptions, ayant chacune leur médecin, On facilite ainsi le service médical et on assure des secours les plus prompts. Mais on ne remédie pas à tous les autres inconvénients du système cantonal pur.

Comment se fait-il donc que ces deux modes de secours à domicile soient encore en vigueur dans un grand nombre de départements? C'est sans doute parce que, en raison de leur simplicité, ils facilitent la besogne de l'administra-

---

(1) En 1862, l'Association médicale du Haut-Rhin, département où la médecine cantonale était réputée florissante, adoptait, à l'unanimité, le rapport du docteur Hildebrand, qui émettait le vœu suivant : L'organisation actuelle de la médecine cantonale dans les campagnes demande une revision radicale, et elle appelle sur cette question la sérieuse attention du Conseil général.

tion, et surtout parce qu'ils permettent d'établir aisément à l'avance le budget départemental de l'assistance médicale.

Mais la médecine cantonale n'en perd pas moins tous les jours du terrain devant le troisième système, dit Landais du département où il a été appliqué pour la première fois avec succès.

Voici quelles sont les dispositions essentielles de l'arrêté du préfet des Landes, en date du 1er octobre 1856, qui l'a mis en vigueur :

Toutes les communes qui veulent jouir du bénéfice d'une association collective pour le service de la médecine gratuite, doivent voter une somme proportionnée à leurs ressources et au nombre de leurs indigents. Tous les médecins, pharmaciens, sages-femmes, qui acceptent un tarif fixé d'avance, peuvent prendre part au service; ils sont payés sur un fonds commun départemental.

Droit pour le malade de choisir parmi les médecins de sa circonscription qui ont accepté le tarif fixé par l'administration; tel est donc le principe du système Landais.

Pour en faire comprendre le mécanisme dans son mode le plus perfectionné, nous ne saurions mieux faire que d'exposer succinctement l'organisation du « service sanitaire » tel qu'il fonctionne dans les Vosges depuis plusieurs années. Nous sommes heureux, à cette occasion, de rendre hommage à la persévérante énergie de l'ancien préfet de ce département, M. Bœgner, et de notre collègue M. le docteur Lardier de Rambervilliers, qui ont su mener à bonne fin cette œuvre, grâce au concours désintéressé des médecins de la région, notamment MM. les docteurs Tissier, Liégeois, Ancel. Pomageot, Liétard, etc.

Du règlement vosgien, nous n'emprunterons que ce qui a trait à l'assistance médicale, en faisant remarquer toutefois qu'il applique à ce département la centralisation de tous les services sanitaires sous une même direction, ce qui constitue déjà un immense progrès. Il institue en effet dans le département des Vosges un service sanitaire placé sous l'autorité du préfet qui comprend le traitement gratuit des malades indigents, la vaccination gratuite, l'inspection des enfants du premier âge, la visite des aliénés non dangereux placés à la campagne aux frais du département, l'inspection médicale des écoles, l'étude des questions d'hygiène et de prophylaxie.

Quant à l'organisation de l'assistance médicale proprement dite, elle repose sur les bases suivantes (1) :

---

(1) Nous empruntons cet exposé à une note qui nous a été fournie par notre collègue, M. le docteur Lardier; nous tenons à le remercier ici du précieux concours qu'il nous a donné.

Liberté du malade indigent de choisir un médecin.

Liberté du médecin.

Rémunération du médecin, proportionnelle aux services rendus.

Les *Communes* adhérant au service forment entre elles un syndicat. Pour subvenir aux frais du service médical, elles votent chaque année une subvention de 7 centimes 1/2 *par tête d'habitant*. Les fonds sont versés à une caisse centrale, dont l'administration préfectorale garde la gestion.

La liste des indigents est dressée tous les ans dans chaque commune, par les soins du Conseil municipal. Elle est soumise avant d'être approuvée par le préfet à l'appréciation des médecins de la circonscription. Dans le courant de l'année, de nouveaux indigents peuvent être ajoutés à cette liste, après entente préalable du maire de la commune à laquelle appartient l'indigent et du médecin du service, chargé des soins. Les indigents payant plus de 6 francs de contribution ne peuvent être portés sur la liste officielle que dans des cas très exceptionnels, et *alors seulement que les médecins de la circonscription* y ont consenti.

Tous les médecins et officiers de santé ayant accepté les statuts font de droit partie du service. Ils donnent, à jours et à heures fixes, des *consultations gratuites* aux indigents de leur rayon. Lorsqu'un indigent malade ne peut se transporter au domicile du médecin, il fait appeler, par le maire de commune, le médecin de son choix.

La *rémunération* des médecins du service est effectuée de la manière suivante : Les consultations sont gratuites. Les déplacements sont payés à raison de 1 franc par kilomètre (aller seul compris) et de 1 franc pour la visite. Le prix des *opérations spéciales* a subi une réduction notable. Les médecins se conforment, à cet égard, à un *tarif particulier*, accepté par les médecins du service et de l'Administration préfectorale.

Tous les ans, les médecins de service présentent à l'Administration la note de leurs honoraires, en ajoutant, comme pièces à l'appui, la réquisition du maire. Au cas où les fonds centralisés ne suffisent pas à régler intégralement la totalité des honoraires demandés, les médecins acceptent de subir une retenue proportionnelle, de manière à ce que jamais, dans aucun cas, le budget ne peut se trouver en déficit. La vérification des notes d'honoraires incombe à une commission spéciale, comprenant cinq membres nommés à l'élection par les médecins du service. Cette commission sanitaire s'adjoint pour cette vérification les médecins faisant partie du Conseil central d'hygiène du département. Elle a, comme autres attributions, celle d'appeler l'attention de l'Administration préfectorale sur les améliorations dont le service est susceptible et de donner son appréciation sur les rapports de médecins qui, dans le cours de l'année, ont observé des maladies épidémiques. Cette commission sanitaire, dont les fonctions sont gratuites, sert de trait d'union entre les médecins et le préfet qui conserve la direction générale du service.

La fourniture des médicaments, délivrés aux indigents sur ordonnance médicale, reste une charge communale.

Les pharmaciens qui ont accepté un tarif réduit, proposé par les soins de l'Administration préfectorale, sont pharmaciens du service. L'indigent malade porteur d'une ordonnance, est libre de s'adresser à l'un ou à l'autre d'entre eux. Tous les ans les pharmaciens présentent la note de leurs honoraires qui leur sont réglés par les percepteurs des communes sur le vu de l'autorisation des maires.

Les indigentes en état de parturition sont libres de s'adresser à la sage-femme de leur choix, dans le rayon le plus voisin. Les indemnités de ces sages-femmes sont réglées par le préfet, d'après les ressources dont il est possible de disposer pour cette partie du service qui a son budget spécial.

Les médecins du service sanitaire, en dehors de l'assistance médicale des indigents à domicile, sont chargés d'autres services, tels que l'inspection médicale des écoles et des enfants du premier âge, les épidémies, les vaccinations, etc., dont les uns sont rémunérés et les autres gratuits. Ces services sont alimentés par des budgets particuliers ; leur fonctionnement est indépendant de celui des secours à domicile.

Nous signalerons tout spécialement dans ce règlement la disposition qui met les dépenses pharmaceutiques à la charge des communes auxquelles appartiennent les malades. En faisant ainsi retomber sur le budget communal, en dehors de sa taxe d'abonnement, une partie des frais de l'assistance médicale, on a voulu lutter contre la tentation que devaient éprouver certaines municipalités à étendre outre mesure les listes d'indigence, pour appeler le plus grand nombre possible de leurs habitants au bénéfice de la médecine gratuite. La mesure dont nous venons de parler a pu sans doute remédier jusqu'à un certain point à cette extension abusive de la liste de gratuité ; mais le remède a été insuffisant : nous n'en voulons pour preuve que le chiffre évidemment exagéré des indigents dans le département des Vosges, qui compte en effet 136 indigents inscrits pour 1,000 habitants, tandis que dans la France entière, cette proportion n'est que 64,2. Mieux vaudrait donc, comme nous l'avons déjà dit, prendre pour base de la taxe communale le nombre des indigents et non celui des habitants.

D'autre part, dans la fixation de cette taxe, il n'est tenu aucun compte des ressources de la commune; cette manière de faire est évidemment peu équitable, peu conforme aux principes de solidarité qui doivent inspirer tout projet de ce genre. Aussi, comme on devait s'y attendre, ce sont les communes les plus pauvres qui ont refusé de participer au service départemental.

Sous ces réserves, c'est le système vosgien qui nous semble réaliser le mieux les trois conditions que doit remplir tout mode d'organisation de secours à domicile : rendre efficace l'assistance, ne pas imposer de trop lourds sacrifices au corps médical, enfin ménager les finances communales ou départementales. Ce système sauvegarde l'indépendance du médecin, puisque tous les praticiens du département peuvent faire partie du service sans avoir rien à demander à la faveur; en ne leur assignant pas des appointements fixes, mais en proportionnant la rémunération aux services rendus, il est plus équitable que le système cantonal. Enfin, il lui est également supérieur au point de vue du malade, auquel il laisse le droit de choisir entre les médecins de sa circonscription et auquel il assure plus de promptitude dans les secours, puisque le nombre des médecins de l'assistance est plus considérable.

En fait, le système vosgien paraît avoir donné de bons résultats, et, grâce à de faibles réductions sur les mémoires fournis par les médecins, les fonds recueillis dans la caisse du service sanitaire ont suffi à assurer l'équilibre de son budget, quoique la subvention du département et celle de l'État aient été minimes. Il est permis de croire que si la majorité des communes n'a pas encore adhéré au service, cela tient en grande partie à ce que le Conseil général n'a voté en sa faveur qu'une trop faible allocation (3,000 francs). A l'appui de cette opinion, on pourrait citer l'exemple du Loiret, où la subvention du département étant beaucoup plus élevée (14,900 francs), 327 communes sur 349 participent au service.

Ainsi, insuffisance de la subvention départementale, mode défectueux d'évaluation de la base communale, tels sont, selon nous, les points faibles de l'organisation vosgienne.

On ne les retrouve pas dans l'organisation de l'assistance telle qu'elle vient d'être instituée dans le département de la Vienne par arrêté du préfet de ce département en date du 15 octobre 1888, conformément à une délibération du Conseil général du 9 octobre 1888. Le règlement qui a dû être mis en vigueur dans la Vienne le 1er janvier 1889 se rapproche dans les points essentiels de celui qui fonctionne dans les Vosges; mais il en diffère à deux points de vue. D'une part, l'imposition des communes qui voudraient adhérer au service est fixée à 1 fr. 25 par *tête d'indigent* porté sur les listes, et de l'autre, le département s'engage à verser dans le fonds de l'assistance une somme égale aux taxes communales, jusqu'à concurrence du crédit actuellement versé au budget départemental.

Plus avantageux pour le médecin et pour le malade, le système landais sauvegarde-t-il également les intérêts budgétaires? On est porté à le croire, d'après la comparaison des documents officiels recueillis d'une part dans les Landes, et d'autre part dans la Gironde, département à système cantonal, jusqu'en 1868(1). Si l'on recherche ce que coûte chaque indigent inscrit, on trouve 2 fr. 40 dans la Gironde, 2 fr. 26 dans les Landes. Pour une somme moindre mise au service des indigents, le système landais ne néglige pas autant la rémunération du médecin, auquel il donne 1 franc par visite au lieu de 80 centimes, chiffre moyen pour la Gironde.

La statistique qui figure dans le fascicule 9 (2e édition), récemment distribué au Conseil supérieur, montre également que le système vosgien n'entraîne pas une dépense plus considérable que les autres. Nous y voyons en effet que les soins médicaux ne sont revenus en 1887 qu'à 2 fr. 97. Dans ce chiffre ne sont pas compris, il est vrai, les frais de pharmacie qui, comme on l'a vu, sont mis à la charge des communes et sur lesquels nous ne possédons aucun renseignement; mais comme, dans presque aucun département, ceux-ci ne sont aussi considérables que les autres dépenses de l'assistance, il est permis d'affirmer que le coût total des secours à domicile dans les Vosges est inférieur au chiffre moyen pour la France (6 fr. 97). On peut en conclure qu'au point de vue financier également, le système vosgien ne le cède pas aux autres modes de l'organisation médicale.

Il n'est inférieur au système cantonal qu'à un seul point de vue. Comme le nombre des visites des médecins et par suite, leur rémunération, doit varier d'une année à l'autre, sans qu'on puisse faire à cet égard de prévisions exactes, le système vosgien rend difficile l'établissement à l'avance du budget de l'assistance départementale. C'est un inconvénient dont d'ailleurs il ne faut pas exagérer l'importance; car, en dehors de certaines circonstances spéciales, comme des épidémies, qui, en tout état de cause, pourraient déranger l'équilibre budgétaire, les frais de la médecine gratuite à domicile ne doivent pas varier sensiblement d'une année à l'autre.

C'est donc au système vosgien, modifié dans le sens que nous avons indiqué, en ce qui touche la taxe communale, que nous donnerions nos pré-

---

(1) Docteur Hameau. — Rapport à l'Association médicale de la Gironde en 1867, enquête de M. Tallon, t. II, p. 37.

férences. C'est celui dont nous recommanderions l'adoption à l'autorité supérieure, au cas où celle-ci devrait imposer d'office un règlement de médecine gratuite à des départements qui n'auraient pas usé à cet égard de leur droit d'initiative.

ASSISTANCE HOSPITALIÈRE

Si dans un certain nombre de départements il existe une organisation au moins partielle du service des secours à domicile, la situation est bien plus mauvaise en ce qui concerne les secours hospitaliers.

L'assistance hospitalière est à peu près cantonnée dans les agglomérations d'une certaine importance; tout est à faire pour assurer l'accès d'un hôpital à l'indigent des communes rurales, malade ou blessé, qui en a un impérieux besoin. Ici surtout s'accuse l'impuissance d'une législation qui ne donne au principe de l'obligation morale aucune sanction effective.

Hostile en général au développement de l'assistance hospitalière, la Convention avait mis la main sur les biens des hôpitaux et fondations analogues; mais, fidèle au régime de l'obligation légale, elle ouvrit toute grande leur porte aux malades.

La loi du 22 vendémiaire an II stipula en effet (art. 18) « que tout malade, domicilié de droit ou non, qui sera sans ressources, sera reconduit à son domicile de fait ou à l'hôpital le plus voisin ».

Dans le système de l'assistance par l'État, où celui-ci devait prendre à sa charge toutes les dépenses de ce genre, une semblable disposition s'imposait en quelque sorte; mais elle devint extrêmement onéreuse pour les établissements hospitaliers, le jour où ceux-ci, ayant recouvré une partie de leur dotation, n'eurent plus à compter sur la subvention du budget général des pauvres. Dès lors, on vit souvent, malgré les efforts du pouvoir central, les commissions administratives et les autorités municipales se liguer pour écarter les malades étrangers à la commune.

La loi du 7 août 1851 n'a apporté qu'un palliatif bien insuffisant à cet état de choses. Cherchant d'une part à faciliter l'entrée des indigents dans les hôpitaux, et de l'autre à ménager les ressources de ces établissements qu'eût promptement ruinés l'application stricte de la loi de vendémiaire, l'Assemblée nationale s'en tint à des demi-mesures.

La loi de 1851 ne fait revivre l'obligation formulée par la loi de vendémiaire que pour les cas où un indigent « tombe malade dans une commune, en lui donnant le droit d'être admis dans l'hôpital existant dans la commune ». Mais en ce qui concerne les malades des communes dépourvues d'hôpital, elle n'oblige pas à leur fournir les secours hospitaliers, ni l'hôpital voisin, ni leur commune d'origine. Elle se borne à faire appel en leur faveur à la générosité des autorités constituées. En effet, les malades et incurables indigents des communes privées d'établissements hospitaliers *peuvent* être admis aux hôpitaux et hospices du département, désignés par le préfet, suivant un prix de journée fixé par le préfet, d'accord avec la commission des hôpitaux. Les communes qui *veulent* profiter du bénéfice de cette disposition supportent la dépense nécessaire pour le traitement de leurs malades et indigents. Enfin le département *peut* venir en aide aux communes dont les ressources sont insuffisantes, et les commissions administratives sont *autorisées* à recevoir les malades étrangers à la commune, sans exiger de prix de journée.

Ainsi la loi ne donne aux hôpitaux aucun moyen d'obtenir des communes où les malades ont leur domicile de secours le remboursement de leurs avances. Il faut pour que le préfet ait le droit de l'inscrire d'office sur le budget communal, que le Conseil municipal ait pris l'engagement de payer ces frais; la signature même du maire ne suffit pas, à elle seule, pour engager la responsabilité de la commune (arrêt du Conseil d'Etat, en date du 11 mars 1887). Ainsi, aux termes de la loi, il peut arriver qu'un malade, qu'un blessé, en danger de mort, attende à la porte de l'hôpital, jusqu'à ce que le Conseil municipal, qu'il faut souvent réunir dans ce seul but, ait statué sur son sort.

Nul n'ignore à quelles conséquences véritablement monstrueuses aboutit une semblable législation; pour ne pas entrer dans les détails, nous ne ferons que rappeler ici l'intéressant mémoire de notre collègue, M. de Crisenoy, sur cette question (1).

Les commissions administratives se voient constamment placées entre l'intérêt matériel de l'établissement qu'elles dirigent et leurs sentiments de commisération; ceux-ci, il est vrai, l'emportent d'habitude, mais au préjudice du budget de l'hôpital, et, par suite, des finances de la commune qui le subventionne.

Il ne manque pas de municipalités rurales pour faire fonds sur l'humanité des administrateurs urbains et se débarrasser de leurs indigents malades sans avoir rien à payer pour les soins qui leur sont donnés. D'autres éludent

---

(1) Voir sur cette question les intéressants travaux de notre collègue M. de Crisenoy. *Moniteur des assemblées départementales*, 29 nov. 1885; *Revue générale d'administration*, septembre et octobre 1886, etc.

la loi en faisant transporter clandestinement leurs malades sur le territoire d'une commune pourvue d'un hôpital.

Ce qu'il est surtout triste de constater, c'est qu'un pareil état de choses ne provient pas, le plus souvent, du défaut de ressources hospitalières. C'est ainsi que l'enquête faite par le Ministère de l'intérieur en 1878, au fort de l'hiver, nous montre que sur 59,997 lits d'hôpital, en province, 24,562 étaient vacants. On trouvait dans le Calvados 511 lits vacants sur 600; dans la Meuse 400 sur 619; dans le Nord 856 sur 1,438 (De Crisenoy). La situation ne s'est pas améliorée depuis 1878, à en juger par les statistiques récentes qui nous ont été soumises. En 1886, sur 47,964 lits d'hospice, 10,723, soit 22.45 0/0, et sur 39,248 lits d'hôpital, 15,709, soit 40 0/0 environ, sont restés inoccupés. Ici ce sont des hôpitaux élevés par la charité privée, mais manquant de fonds pour entretenir les malades; là ce sont des hôpitaux communaux qui s'offrent en vain à recevoir, moyennant une rétribution très minime, les malades appartenant à d'autres communes : des deux côtés, c'est un capital stérilisé.

D'autre part, bien des établissements hospitaliers pourraient encore mettre un plus grand nombre de lits à la disposition des malades, si l'on n'avait pas une fâcheuse tendance à faire dans les hôpitaux une place exagérée aux vieillards infirmes qui devraient être secourus à domicile.

Comme le fait remarquer M. Napias, inspecteur général des services administratifs au Ministère de l'intérieur, dans une intéressante note manuscrite sur l'assistance départementale, beaucoup d'hôpitaux-hospices, s'ils s'en tenaient au traitement des malades et à l'hospitalisation de quelques vieillards sans famille, auraient des ressources surabondantes. En donnant aux vieillards valides un secours d'un franc par jour, ils pourraient économiser environ 150 francs par an sur la dépense que chacun d'eux occasionne à l'hospice, tout en augmentant le nombre des lits disponibles pour les malades.

Bien que la deuxième section n'ait pas dans ses attributions la question des hospices, elle tient à constater que le développement des secours à domicile pour les infirmes et incurables faciliterait singulièrement la marche de l'assistance hospitalière, et se rallie pleinement aux idées émises à cet égard par M. le Directeur de l'Assistance publique dans une circulaire aux préfets en date du 1er août 1888.

Plusieurs départements sont d'ailleurs entrés résolument dans cette voie; il en est ainsi, par exemple, de l'Indre, de la Marne, du Rhône. Dans la Marne, le secours mensuel alloué aux vieillards infirmes varie de 5 à 14 francs; une somme de 30,980 francs est inscrite à cet effet au budget départemental. Mais pour éviter des abus qui ne manqueraient pas de se produire si la dépense restait entièrement à la charge du département, le Conseil général a décidé que les communes participeraient aux frais du service suivant un tarif fixé d'après leur revenu. Les résultats obtenus ont été encourageants; il est à espérer que cet exemple sera imité (1).

Pour en revenir à l'assistance hospitalière proprement dite, insuffisance notoire des secours pour les populations rurales, répartition inégale des charges qui pèsent surtout sur les centres d'une certaine importance, emploi défectueux et inutilisation des ressources disponibles : telles ont été les conséquences de la loi de 1851. Il est urgent de la réformer en prenant pour guide les principes généraux que nous avons posés. La tâche d'ailleurs sera facile pour un certain nombre de départements, s'ils savent utiliser tous les éléments qui dores et déjà sont à leur disposition : hôpitaux des grandes villes, cantonaux, établissements privés, etc.

Quelles devront être les grandes lignes de cette organisation nouvelle, abstraction faite des questions secondaires? Ici, plus encore que pour les secours à domicile, le service devra être sous la direction du département. Tout en reconnaissant que certains cantons, comme ceux de Bruyères, dans les Vosges, de Vervins, dans l'Aisne (1), possèdent un système d'assistance hospitalière satisfaisant et que d'autres ont pu bénéficier de libéralités privées, comme la fondation Texier-Gallas, en Eure-et-Loir, nous croyons que les syndicats de communes ou les cantons seraient le plus souvent dans l'impossibilité matérielle d'en faire autant; et qu'en tout cas leur organisation ne saurait répondre à toutes les exigences de la médecine hospitalière pour les grandes opérations et les maladies spéciales, par exemple.

En général, seules les autorités départementales seraient en état de dresser le bilan des lits disponibles, et dans le cas où ceux-ci ne suffiraient pas à tous les besoins, de créer sur leurs propres ressources ou d'aider les syndicats de communes à créer des dispensaires ou des hôpitaux dans les régions qui en seraient dépourvues. Pour mettre les secours hospitaliers à la portée de tous les indigents, il faudra diviser le département en un certain nombre de circonscriptions ayant chacune pour centre un hôpital où les communes devront envoyer leurs malades et leurs blessés qui ne pourraient être soignés à domicile.

En portant le tableau des circonscriptions à la connaissance des adminis-

(1) Voir sur cette question le rapport de M. Gouverneur au Conseil général d'Eure-et-Loir (24 avril 1888).

(1) Voir sur cette question le projet de loi sur les hôpitaux cantonaux et les rapports y annexés, ainsi que la brochure récente de notre collègue le docteur Lardier sur les indigents ruraux à l'hôpital.

— 43 —

trations locales, on supprimerait ces longues démarches dont pâtissent si cruellement, avant leur admission à l'hôpital, tant de malades ou de blessés.

Faut-il préférer le système des grands hôpitaux à circonscription étendue ou celui des petits hôpitaux ruraux, intercommunaux, cantonaux?

Si la création des hôpitaux ruraux n'exige qu'une première mise de fonds relativement peu considérable (1), s'il y a avantage à ne pas trop écarter les malades de leur famille, surtout dans les pays dont les habitants éprouvent encore quelque répugnance pour l'hôpital, d'autre part on ne saurait se dissimuler qu'en étendant la circonscription, en diminuant le nombre des hôpitaux, on diminue la somme des frais généraux pour un même nombre de malades, on peut obtenir des soins plus éclairés, des conditions plus satisfaisantes d'outillage chirurgical ou thérapeutique, une application plus correcte des mesures d'isolement (Napias).

Les deux systèmes présentent donc des avantages, et il appartiendra aux départements de faire leur choix d'après les éléments disponibles, la facilité des communications, la densité ou la dissémination des populations, etc. Mais tout en créant ou en subventionnant de petits hôpitaux communaux, cantonaux ou privés, ils devront instituer dans l'hôpital du chef-lieu ou d'une ville importante des services où certains malades des communes trouvent des salles d'opération bien aménagées et bien outillées, des praticiens expérimentés doués de connaissances spéciales, toutes conditions nécessaires à la cure de certaines maladies.

Le département devra donc mettre à la disposition des communes, des hôpitaux généraux et des hôpitaux spéciaux, ou du moins des salles spéciales dans les hôpitaux généraux. Les indigents seront reçus dans l'hôpital de leur circonscription sur simple certificat de médecin d'assistance contresigné par le bureau d'assistance de la commune.

Une semblable organisation des secours hospitaliers cadrerait à merveille avec celle de secours à domicile qui a nos préférences.

Pour les deux services, même direction locale, le bureau d'assistance, sous le contrôle du Conseil municipal, même direction départementale, une commission siégeant au chef-lieu, émanant des autorités du département; de part et d'autre, division du département en circonscriptions, ici de secours à domicile, là de secours hospitaliers; enfin un budget unique d'assistance alimenté par les communes au prorata de leurs ressources et du nombre de leurs indigents, et par le département.

Le Rapporteur: Dr DREYFUS-BRISAC.

---

(1) De l'hospice rural, par MM. du Mesnil, Cheysson, de Foville (1886).

CONCLUSIONS

La 2me section propose au Conseil supérieur d'émettre l'avis que les principes suivants devront présider à l'organisation de l'assistance publique médicale :

I

Les communes, à défaut de la famille, doivent l'assistance aux nécessiteux malades qui y ont leur domicile de secours. Plusieurs communes limitrophes peuvent s'associer en syndicat pour remplir ce devoir social.

II

Le service des secours à domicile et l'assistance hospitalière seront assurés dans chaque commune ou syndicat de communes par un bureau d'assistance publique.

III

Chaque département devra, dans un délai à déterminer, organiser, au mieux des convenances locales, un système général d'assistance publique ; il établira le budget départemental d'assistance, fixera la part contributive des communes et déterminera le mode de fonctionnement des services.

IV

Les ressources de ce budget auront une triple origine :

a.) Le contingent communal obligatoire, fixé d'après la situation matérielle des communes et le nombre d'indigents inscrits sur la liste de gratuité ;

b.) Une subvention du département ;

c.) Une subvention de l'État, s'il y a lieu.

Le bureau d'assistance pourra payer sur ses ressources propres tout ou partie du contingent communal.

V

Les Conseils municipaux interviennent dans le fonctionnement du service, d'une part par la nomination d'une partie des membres du bureau, conformément à la loi du 5 août 1879, d'autre part par l'avis qu'ils sont appelés à donner conformément à l'article 70 de la loi du 5 avril 1884 sur les budgets et les comptes du bureau, enfin par la fixation de la liste des indigents.

VI

La législation du domicile de secours devra être modifiée d'après les principes suivants :

La femme prend le domicile de secours de son mari et les enfants celui de leurs parents. Le domicile de secours se perd dans une commune ou syndicat de communes par une absence continue de deux ans; il s'acquiert dans une commune ou un syndicat de communes par un séjour de même durée.

Pour les indigents qui n'auraient aucun domicile de secours communal, le domicile de secours est *départemental* s'ils ont séjourné dans le département deux années consécutives, ou *national* dans le cas contraire.

VII

Au cas où un département n'aurait pas, dans le délai fixé, organisé son système d'assistance, le gouvernement devra lui imposer d'office un règlement. Il y a donc lieu de préparer, à cet effet, un règlement modèle.

En ce qui concerne les secours à domicile, la section recommande, dès à présent, l'étude attentive des principes sur lesquels repose le système dit *vosgien*.

L'assistance médicale doit être organisée de telle sorte que chaque commune soit rattachée à un dispensaire et à un hôpital.

Les malades ne doivent être hospitalisés qu'en cas de nécessité.

Paris. — Imprimerie Nouvelle (association ouvrière), 11, rue Cadet. — R. Barré, directeur. — 95-9.